中外文稀有版本文献

《论住宅问题》

④

住宅问题

【德】弗里德里希·恩格斯 ◎ 著
贾植芳 ◎ 译

中央编译出版社
CCTP Central Compilation & Translation Press

《论住宅问题》的出版与传播

（代序）

作为解析现代化进程中欧洲城市住宅问题产生原因与解决方案的经典文本，恩格斯的《论住宅问题》一直为欧洲左翼哲学家、政治学家、社会学家和政治经济学家津津乐道，这个德文著作被翻译成多种语言的版本并产生持续的影响力。随着《论住宅问题》在中国的出版和传播，马克思主义住宅观念也得到中国学者的深入阐释，并在中国住宅问题呈现的不同时期获得新的时代内容。梳理这些版本的流变，探究各版本编辑和出版的思路，有益于深化我们对该文本历史原貌的理解。

一 《论住宅问题》在欧洲的出版与传播

在欧洲流传的《论住宅问题》主要有四种语言的版本，即德语、俄语、英语和法语。从内容和文章大体的样式看来，这四种语言的版本没有重大改动。德文版源自恩格斯当年修订的版本，同后来俄文版的影响一样大，而英文版和法文版出现得较晚。下面详述之。

1.《论住宅问题》德文版。《论住宅问题》最早是以在德文报纸上发表的形式与读者见面的，它是由恩格斯在1872—1873年为莱比锡《人民国家报》撰写的三篇文章——第一篇写于1872年5月7—22日，第二篇写于当年10月，第三篇写于当年12月——组成的。这三篇文章后来分别由《人民国家报》于1872年12月—1873年3月间在莱比锡出版了单行本。1887年3月，《论住宅问题》在霍廷根—苏黎世出版了第二版，恩格斯对这一版作了一些修改和补充，并写了一篇序言。[①] 从1972年6月26日的《人民国家报》来看，报纸最上端的正中间用哥特体写着“Der Volkstat”，内容分成三栏。1872年莱比锡的单行本外皮全黑，里面第一页最上方是标题“Zur Wohnungsfrage”，标题下方是“von Friedrich Engels”，再下一行是“Wie die Bourgeoisie die Wohnungsfrage-löft”，然后是出版信息“Volkstat”和“Leipzig 1872”。这些信息表明：“弗里德里希·恩格斯著”的“论住宅问题”“由人民国家报出版”，即“莱比锡1872年版”。全书共32页，分成三部分，每个部分用拉丁文数字Ⅰ、Ⅱ、Ⅲ分开，分别对应这三篇文章，正文采用哥特体印刷。

除了上述莱比锡1872年版和霍廷根—苏黎世1887年版，还有三种有代表性的德文单行版。按时间顺序来说，第一本是Contumax Gmbh & Co. Kg于2011年1月11日出版的，它的封皮是天蓝色的，右下角有一座白色灯塔，封面从上往下依次印刷着白色的字样——“Friedrich Engels”和“Zur Wohnungsfrage”；该版本为平装，共86页，尺寸为0. 5×18. 6×24. 2厘米，重168克。第二本是Nabu Pres于2012年4月9日出版的，封皮上面三分之二为一座荒废的建筑的插图，下面是白黑绿三块，分别印有“Zur Wohnungsfrage”和“Friedrich Engels”；该版本为平装，共76页，尺寸为0. 4×18. 6×24. 2厘米，重154克。第三本是Tredition Clasics于2012年4月20日出版的，它的封皮是白色的，在右边靠上的部分画有一个工人模样的半身像，紧挨着半身像下印着“PRO-JEKT. GUTENBERG.DE”，封面从上往下依次印刷着黑色的字样——“Friedrich Engels”和“Zur Wohnungsfrage”，该版本为平装，共108页，尺寸为0. 6×12. 7×19. 5厘米，重113克。这三个版本在内容上没有区别，只有细微的排版区别。

除了上述单行本外，还可以在德文版《马克思恩格斯选集》和《马克思恩格斯全集》以及其他相关文本中找到被收录其中的《论住宅

① 《马克思恩格斯文集》第3卷，北京：人民出版社2009年版，第661—662页。

问题》。比如，Internationaler Arbeiter－Verlag 在 1930 年出版的 Elementarbücher des Kommunismus 第 17 卷中就收录了《论住宅问题》，内容有 112 页，编者是 Paul Friedländer。还有的书只收录了《论住宅问题》的一部分，比如，由 VS Verlag für Sozialwisenschaften 在 2007 年出版的，名为 Die Stadt in der Sozialen Arbeit 的书第 16—19 页收录了《论住宅问题》1887 年序言，它的编者是 Detlef Baum。

2.《论住宅问题》俄文版。早在十月革命前的 1892—1893 年，莫斯科的马克思主义小组就翻译了《论住宅问题》。苏联的第一本俄文单行本于 1953 年出版，其后有代表性的单行本有：莫斯科 Прояресс Б. г. 出版社 1978 年版，莫斯科进步出版社 1979 年版，政治文献出版社 1983 年版和 1985 年版，莫斯科 Прояресс Б. г. 出版社 1986 年版和 1988 年版，以及 1990 年由乌兹别克斯坦党史研究院编译出版的《论住宅问题》。2012 年，Либроком 出版社出版了该书俄文最新版。

除了上述单行本外，《论住宅问题》的三篇文章及其第二版序言分别被收录于 1928—1941 年苏联马克思恩格斯研究院出版的《马克思恩格斯全集》俄文第一版（共 28 卷）第 15 卷第 1—81 页和第 16 卷（上）第 274—283 页。1955—1966 年，苏共中央马列主义研究院出版了《马克思恩格斯全集》俄文第二版，共 39 卷（42 册）。《论住宅问题》及其第二版序言分别收录在该版全集第 18 卷第 203—284 页和第 21 卷第 334—344 页。

3. 《论住宅问题》英文版。《论住宅问题》的英文标题是“*The Housing Question*”。由 INTERNATIONAL PUBLISHERS 和 SOCIETY OF FOREIGN WORKERS 在纽约联合出版的精装 32 开英文单行本据称是第一个《论住宅问题》英文版。它由 C. P. Dutt 主编，封皮为粉色，由上至下印刷着“The First Time in English”，“THE HOUSING QUESTION”，“Bourgeois housing schemes analyzed; a critique of petty-bourgeois socialism and reformism; the revolutionary solution”，“By Frederick Engels”。在封皮的内侧，编者对恩格斯这本书进行了简单的介绍和评

论，认为这本书清晰地阐述了马克思主义对于住宅问题的观点，尤其谈到了国家的本质、工业的增长和资本主义对农村的变革，是一本仍有现时效力的书。该版本共 103 页，第一部分是 1887 年序言，第二部分是正文，分为三部分，每部分用拉丁数字Ⅰ、Ⅱ、Ⅲ标明；第三部分又用拉丁数字Ⅰ、Ⅱ、Ⅲ、Ⅳ分为四小部分。该单行本几乎没有什么注释，更没有人名索引，出版年限也没有标明。另一个英文单行版是由 FOREIGN LANGUAGES PUBLISHING HOUSE 于 1955 年在莫斯科出版的。它的大小几乎只有前者的一半，封皮为浅黄色，从上往下印刷着"F. ENGELS"，"THE HOUSING OUESTION"和"FOREIGN LANGUAGES PUBLISHING HOUSE"，扉页的右上角由后往前印着马恩列斯的头像，下方印着"LIBRARY OF MARXIST-LENINIST CLASSICS"的字样。在出版信息中提到该版是从 1887 年第二版德文版直接翻译成英文的。从排版上看，和万国出版社纽约版没有多少区别，但是它多了人名索引，注释也略微多了一些，正文加索引的内容达 168 页。与该版单行本非常类似的还有 PROGRESS PUBLISHERS 于 1954 年在莫斯科出版的《论住宅问题》，后来又分别在 1955 年和 1970 年出版了第二版与第三版。

除了上述单行本外，还可以在英文版《马克思恩格斯选集》和《马克思恩格斯全集》中找到《论住宅问题》。比如，由 FOREIGN LANGUAGES PUBLISHING HOUSE 于 1958 年在莫斯科出版的《马克思恩格斯选集》第 1 卷第 546—636 页就是《论住宅问题》。该选集封皮为白色，印刷字样为深蓝色，为纸皮包裹的精装本。从排版上看，该版本和前面提到的英文单行本没有什么不同，内容也几乎一样，只不过在该书出版信息中提到该卷是从俄文两卷本的《马克思恩格斯选集》翻译成英文的。由于这个选集中收录的《论住宅问题》和该出版社发行的单行本内容一样，英译者应该对照过德文版和俄文版。相比单行本而言，该选集收录的《论住宅问题》的注释就丰富得多了。此外，在 INTERNATIONAL PUBLISHERS 于 1975 年和 Lawrence & Wishart Ltd.，London，Progres Publishers 以及 Institute of Marxism-leninism，Moscow

联合出版的《马克思恩格斯全集》第 23 卷第 317—392 页中也收录了《论住宅问题》，不过该文缺少 1887 年序言，其他内容和前者几乎一样。

4. 《论住宅问题》法文版。《论住宅问题》的法文标题是“La question du logement”。至少有 5 种法文版《论住宅问题》。其一是由 Osez La Republique Sociale 于 2012 年 4 月 1 日发行的平装版，该书的封皮是由斑驳的墙体插图构成的，在封面的上方有一白色的矩形图案，里面用黑色黑体印刷着“La question du”，用红色印着“logement”字样，标题下方是“Friedrich Engels”。其二是由 Herne 于 2009 年 10 月 31 日发行的无插图的平装版，它是反资本主义丛书（Carnets Anti－Capitalisme）中的一本。其三是 Éditions Sociales 于 1957 年 1 月 1 日发行的平装本，中型大小，约重 350 克，有 110 页。文章由德国人 Gilberte Lenoir 翻译，前言由 François Biloux 撰写。它的封皮外围是白色边框，中间是咖啡色矩形，在矩形里面印着“La Question Du Logement”。其四也是由 Éditions Sociales 出版的，不过该书晚于前者，是于 1969 年 1 月 1 日出版的，页数增加到 123 页，是马克思主义经典丛书（Clasique Du Marxisme）中的一本，其封面为黄色，中间靠左的地方有一块灰色竖立的长方形，里面依次印着“Friedrich Engels”和“Laouestion Du Logement”。其五是第三个版本在 1976 年 1 月 1 日的重印。这五个版本在内容上没有什么区别，都是分为四部分：序言（Préface）；第一部分，蒲鲁东是如何解决住宅问题的（Comment Proudhon résout la question du logement）；第二部分，资产阶级是如何解决住宅问题的（Comment la bourgeoisie résout la question du logement）；第三部分，再论蒲鲁东和住宅问题（Remarques complémentaires sur Proudhon et la question du logement）。

由是观之，《论住宅问题》有多种欧洲语言版本，其德文版、俄文版、英文版和法文版近年均有再版，仍有各国热衷马克思主义住宅理论的读者阅读，并有持续的社会影响力。

二 《论住宅问题》在中国的出版与传播

较之《共产党宣言》和《资本论》等马克思主义经典著作，《论住宅问题》传入中国的时间较晚，但一经传入中国便屡屡引来研究者的目光。迄今为止，该文本有周建人和周晔译本、曹葆华和关其侗译本、贾植芳译本、莫斯科中文本、中央编译局译本等多个中译本，在《马克思恩格斯全集》《马克思恩格斯选集》《马克思恩格斯文集》中都能看到该文本的全景。下面详细述之。

1. 周建人和周晔译本。从目前掌握的资料来看，《论住宅问题》第一个中译文出现在周建人翻译的《新哲学手册》中。出版于 1948 年 8 月的《新哲学手册》是 32 开的竖排平装本，全书为繁体字，共 147 页，是周建人根据英国人朋司（E. Burns）选辑的《马克思恩格斯哲学著作集》翻译的。该书封面的正中位置竖写“新哲学手册”五个红字，左右两边分别写有“大用图书公司出版”和“英 · E. 朋司选辑”“周建人译”。出现在《新哲学手册》中的《论住宅问题》书名被译为“居住问题”，它是《新哲学手册》7 篇译文中的第 6 篇，位于该书第 117—125 页。恩格斯被译作“恩格尔斯”。在该译本的开头，译者简略介绍了《居住问题》的写作背景及主旨。译文分两部分，第一部分题目是“普鲁东如何解决居住问题”，第二部分题目是“资产阶级如何解决居住问题”。这两部分译出的只是《论住宅问题》第一篇和第二篇的部分段落，主要是《马克思恩格斯文集》中文版第 3 卷第 250—254、264、275—276、280—281、299 页的内容。

为什么不译全文呢？这可以在附于该书末页的《译者短记》中得到答案：朋司在选辑马克思恩格斯著作时主要把可以直接反映马克思恩格斯思想内涵（即“新哲学的道理”）的文字摘录出来，而把直接反驳对方的话删掉了，因而《居住问题》乃至全书呈现的就是这种样貌。周建人认为，这样可以减轻读者的阅读负担，有利于读者明白书中的道理。此外，周建人还在《译者短记》中说明，自己在抗战时期着手翻译《新哲学手册》，之后因为一些事情耽搁下来。后来是由自己的女儿周晔翻译完成了《新哲学手册》的后两篇文章，《居住问题》便是其中的一篇，周建人对译文进行了校订。① 因而，该文本的第一个中文版的译者是周建人和周晔。

2. 曹葆华和关其侗译本。《论住宅问题》的完整中译本是在20世纪50年代初期出现的，第一个完整的中译本是由曹葆华和关其侗完成的。1951年8月，人民出版社出版了由曹葆华、关其侗翻译的书名为《论住宅问题》单行本，该单行本为32开竖排平装本，全书为繁体字，共157页。包括恩格斯的3篇文章及序言，页底有脚注，书尾有译后记。该书主要是根据《马克思恩格斯文选》（两卷集）俄文本和英文本翻译的，与俄文本与英文本不一致的地方，则参考德文本译出。② 这个版本的《论住宅问题》在20世纪50年代初曾由人民出版社重印多次，1951年初版是白色封皮，四周印有雕刻效果的黄色花纹，中间空白位置处竖写“论住宅问题”，“论住宅问题”左右两边分别是“人民出版社出版”和“恩格斯著”，一下一上错落竖排。之后，1953年5月第2次印刷，1953年10月第3次印刷的《论住宅问题》则改为白色封皮，封皮中央是红色的五角星，封皮正上方是横排的两行字“恩格斯”和“论住宅问题”，分别用红色和金黄色印刷。

3. 贾植芳译本。1951年11月，贾植芳根据日本岩波文库出版的加田哲二的日译文翻译的《住宅问题》由上海泥土社出版，该书为32开竖排平装本，全书为繁体字，共174页。其中前言6页、正文167页、编后1页，白色封皮，封皮的顶部和底部分别是红底白字的德文“FRIEDRICH ENGELS”和“ZUR WOHNUNGSFRAGS”，封皮右上角是

① E. 朋司：《新哲学手册》，周建人译，上海：上海大用图书公司1948年版，第148页。

② 恩格斯：《论住宅问题》，曹葆华、关其侗译，北京：人民出版社1951年版，第157页。

恩格斯的头像，封皮中间横写“住宅问题”和“恩格斯著”“贾植芳译”。该书包括写于1949年8月1日的《译者前言》、恩格斯的原序、恩格斯的3篇正文以及写于1951年10月30日的《出版者言》。

译者在《译者前言》中简要介绍了该书的内容及翻译的版本，提到加田哲二是根据“1887年刊行的订正版第二版，作为社会民主主义文库（sozial de mokratische Bibliothek）的第十三册而出版的本子”①翻译的。据《出版者言》介绍，该书即将出版时，恰逢曹葆华和关其侗的同书译本刚出版不久，本不打算重复出版，但是经过仔细对比发现，两书“颇有出入之处，故仍印行”②，以供读者参考。此外，该书正文中第三篇的标题与其他版本的标题略有不同，篇名为《关于蒲鲁东及住宅问题的补遗》，其他版本则多为《再论蒲鲁东和住宅问题》。

4. 莫斯科中文本。1954年，莫斯科外国文书籍出版局出版的繁体横排的红布面精装本《马克思恩格斯文选》（两卷集）第1卷第526—610页收录了《论住宅问题》，它包括恩格斯的3篇文章以及序言，页底有脚注。此卷由苏共中央马克思恩格斯列宁斯大林研究院集体编译，由国立政治书籍出版局出版，值得提及的是，谢唯真作了校订工作。1958年1月，人民出版社将莫斯科外国文书籍出版局出版、谢唯真校订的《马克思恩格斯文选》（两卷集）重印出版。

5. 中央编译局译本。1964年10月出版的《马克思恩格斯全集》第18卷第233—321页和1965年9月出版的《马克思恩格斯全集》第21卷第372—382页中分别收录了《论住宅问题》的3篇文章和序言，并且在第一篇文章之前附上了该文本的扉页图片。此外，在第18卷卷末有35条相关注释，在第21卷卷末有12条相关注释。这3篇文章及其序言是以《马克思恩格斯文选》（两卷集）莫斯科中文版为基础校订而成的。后来出现在《马克思恩格斯选集》（1972年5月版）第2卷第459—550页和《马克思恩格斯选集》（1995年6月版）第3卷

① 恩格斯：《住宅问题》，贾植芳译，上海：上海泥土社1951年版，第2页。
② 恩格斯：《住宅问题》，贾植芳译，上海：上海泥土社1951年版，第2页。

第 131—223 页的《论住宅问题》都选自《马克思恩格斯全集》第一版第 18 卷和第 21 卷。2009 年，《论住宅问题》的 3 篇文章及序言又载于《马克思恩格斯文集》第 3 卷第 235—334 页。而且在第一篇文章之前附加了当时该文本扉页图片，在第二篇文末附加了恩格斯手稿第一页图片，在书后附有 22 条相关注释。与以前不同的是，这四篇文章译自《马克思恩格斯全集》历史考证版（$MEGA^2$）第一部分第 24、31 卷，参考了《马克思恩格斯全集》德文版第 18、21 卷以及我国以前的译本，因而更具完整性和权威性。正因为此，2012 年 9 月出版的《马克思恩格斯选集》第三版第 3 卷第 179—273 页中收录的《论住宅问题》根据 2009 年 12 月初版的《马克思恩格斯文集》第 3 卷编译，不过其注释与《马克思恩格斯文集》稍有不同，增加了对文章中出现的某些杂志名称的注释。

可见，《论住宅问题》的上述五种中译本各具特色①，通过翻译自不同语言版本如德文版、俄文版、日文版、英文版等译本之间的对比参照，可以更好地把握恩格斯原著的思想精髓。其中，中央编译局最新版的该文本可谓参照以上诸版本之集大成者，并在译文中体现了现代中文的话语特色，尤其具有学术价值。

（本文来自 2014 年中央编译出版社的臧峰宇所著《恩格斯〈论住宅问题〉研究读本》有关内容。）

① 《马克思恩格斯著作中译文综录》（书目文献出版社 1983 年版）的编者曾对《论住宅问题》的中文版本做过梳理工作，但不甚详细且有些印刷错误。具体情况，可参看该书第 269—270 页。

FRIEDRICH ENGELS

住宅問題

恩格斯著　賈植芳譯

ZUR WOHNUNGSFRAGS

FRIEDRICH ENGELS

Zur Wohnungsfange.

•上海溧陽路一一五六弄一一號•
•一九五一年十一月初版•

住宅問題

恩格斯著

賈植芳譯

泥土社

目錄：

譯者前言

恩格斯對於住宅問題一書，在原書第二版刊行時所寫的序文中，已詳盡地說明了寫成的經過及執筆當時德國社會一般情形，此處僅要加以說明的，是關於本書的性質。

關於住宅問題（Zur Wohnungsfrage），由恩氏所寫序文中卽可知道，原來是登載在一八七二年的德國社會民主黨的機關雜誌民衆國家（Der Volksstaat, Organ der Sozialdemokratischen Arbeiterpartei und der internationalen Gewerksgenossenschaften Leipzig 1870-1876）上的文章，並於該年復由民衆國家分刊成三個小册子形式而流佈開的。本譯本係依據日本加田哲二氏的譯文（岩波文庫版），據加田氏在解說中稱：他所依據的原文本，是題爲 Zur Wohnungsfrage Von Friedrich Engels, Separatbdruck aus dem "Volksstaat" Leipzig Verlag der Expedition des "Volksstaat" 一八八七年刊行的訂正第二版，作爲社會民主主義文庫（Sozialdemo-kratische Bibliothek）的第十三册而出版的本子，在本版中，已然增加了恩氏所寫的序文，並加了兩三個註脚。不過這個版本因爲是用作宣傳小册子的，紙質印刷都很壞，而且誤植很多。是一種每頁五十行小字的七十二頁的小册子。至於本書是否尙有其他版本，則還不大明白，不過檢查社會主義及馬克思主義文獻目錄，亦未有所發現，那麽這該是唯一的第二版本，而且是流行本云。

本書連序文共爲四篇。在序文中最明確地指示出了當時德國的住宅問題何故有着激急發展的社會根據。凡欲了解德國大工業成立時代的社會情形者，實有精讀必要。

第一篇是對於德國的蒲魯東主義者麥里倦（Arthnx Mülberger）的對於住宅問

題的論駁。麥里堡的議論的內容，是遵奉蒲魯東學說的。因此，恩氏批評了蒲魯東的各種社會計劃。對於蒲魯東的反批判，馬克思在哲學之貧困一書內已經完成了，然該書是以理論方面批判為主；在本書中，如恩氏所自稱的，是在實際方面，批判了蒲魯東的小資產階級社會主義，是馬克思的理論批判之補遺。

第三篇是恩氏對於麥里堡對於恩氏之反駁之再反駁。在本篇中，恩氏的歷史唯物論者的面貌非常明顯。恩氏關於國家的重要見解，此篇中亦有所包容。他所達到的結論是：住宅問題的解決，在資本主義生產方法沒有全部廢止以前，是沒有辦法可以澈底解決的。在資本主義生產方法的前提下，個個別別的社會政策的施措，是沒有什麼效果的。尤其是那種小資產階級的給予每個勞動者以住宅的社會主義，不過是使勞動者再陷入於中世紀的桎梏中的東西。

上兩篇文章的論敵，就是蒲魯東和他的代表者麥里堡。今再對麥里堡加以簡單介紹。

麥里堡生於一八四七年，由一八七三年起，開業行醫，後更爲威登堡地方的官醫。他熱衷於研究蒲魯東，並將蒲氏的學說在德國普及；對於德國的勞動者，他灌入了蒲魯東的思想。住宅問題不過其中之一。他的論文在民衆國家登載後，他以關於住宅問題爲標題出版了一本單行本。他對於闡揚蒲魯東學說著書很多，如蒲魯東的生涯及事業（一八九九年刊），蒲魯東研究——對於社會改良的理解之一論（一八九一年刊），及馬克思主義批評（一八九四年刊）等。他是以蒲魯東主義爲立場，反對馬克思主義的。

第二篇如標題資產階級是怎樣解決住宅問題的所示，是對於沙克斯（Emile Sax）的關於住宅問題的著作的批評。在第一及第三兩篇中是恩氏對於蒲魯東之流的小資產階級社會主義的克服；在本篇中，是恩氏對於他所稱的「資產階級社會主義」的講壇社會主義——社會政策論的克服。資產階級是決無能爲力解決住宅問題的。他們不過是轉移住宅問題的地位，但轉移了地位以後又發生了新的住宅問題。

這不是解决而僅是使住宅問題轉移地位而已。這是他們保留資本主義生產方法的當然結局。這一點是對於各式各樣社會政策最爲痛烈的批判。

沙克斯生於一八四五年，曾入維也納大學研究，一八六七年任巴黎博覽會奧地利委員，後任維也納大學經濟學教授；更轉布拉格大學任教，迄至一八九三年。他係屬於奧地利派，著作甚富，如勞動者的住宅狀態及其改良（一八六九年，維也納刊），即是恩氏著文駁斥的對象物。沙克斯自認爲拿手的是交通政策，他關於此類問題的著述，頗爲資產階級社會的專門家所重視。關於理論經濟學他著有經濟的本質及任務（一八八四年刊）及理論的經濟學原理（一八八七年刊）二書。

譯者所根據的岩波譯本，在日本讀書界是比較威權的譯本，這較之收在改造社版中的馬恩全集版本大爲高明；譯筆按其句子構造之生硬、複雜而嚴正，可看出是據德譯直譯的；中譯稿並且經過幾個友人的修改和研討，譯者也幾度反覆地加以修正，遇有疑難之處，并參酌了一九四八年版的俄譯本。譯者是把這樣一本書的翻譯工作，不僅看成自己的學習，而且視爲一種堅苦的鬥爭。但限於學力和修養，這個譯本還只能暫供參攷之用，至於譯本中謬誤和不妥的地方，還祈讀者和專家予以指正！

賈植芳　四九年八月一日在上海。

序

下面的著作是我一八七二年寄給來比錫的民衆國家雜誌的三篇論文的重印。當時恰值數十億的法國賠償費如雨般地流入了德國，致使國債能以支付，要塞及兵營得以建設，現有武器及軍事品得到更新。可以自由地使用的資本，也突然和流通貨幣額同樣顯然的增加了。所有這一切恰巧發生在德國不僅是作爲一個「統一國」，而且是作爲大工業國，躍上了世界的舞台的時候。這數十億的巨金，對於新的工業給予了一個巨大的飛躍。而導引戰後和接着跟隨來的一八七三——七四年的短短的充滿幻想的繁榮時期進到大恐慌的，正就是這筆巨款。由於這個恐慌，德國自身證明了是能夠以工業國的身份活躍於世界市場的。

一個舊的文化國家，爲上述那樣有利情勢所促進，由手工工場生產及小經營而向大工業推移了，也就在這個時期，正是顯著的「住宅恐慌」的時代。這一方面是由於大羣的農業勞動者突然向正在發展爲工廠中心地的大都市移動，同時又由於各舊都市的建築設備早已不能滿足新的大工業及與此相應的各種交通條件。街道在擴張，新街道在開闢，在這些地方的中心敷設了鐵道。與大羣勞動者的湧入同時勞動者住宅又多數被拆毁，因而勞動者和以勞動者爲主顧的小商人及小工業者之間引起了急激的住宅恐慌。在從來就是工業中心地的諸都市中，是不容易感到這種住宅恐慌的，在曼却斯特、列茲、布蘭法德、巴爾門＝愛巴菲爾德就是如此。反之，倫敦、巴黎、柏林、維也納的住宅恐慌，在當時成了逼切的形態，而且大部份是慢性持續的。

當時報紙上充滿了關於「住宅問題」的論文，刺激提供各式醫療社會竊術的東西，實在就是當時德國所發生的產業革命之象徵的、這種急迫的住宅恐慌。像這一類的論文，亦瀰漫在民衆國家的篇幅中。後來知道是威登堡醫學博士麥里堡先生化名的一個匿名評論家，抓住這個時機，認爲根據蒲魯東的社會萬能藥的奇蹟作用，使德國勞動者來理解這一問題，是有利的。當我告訴該雜誌的編輯者，我對他選登這樣奇妙的論文感到驚訝時，他就要求我來一個反駁，於是我就照辦了。（參看第一篇蒲魯東是怎樣解決住宅問題的？）我在這一篇論文以後的不久，接着又寫了第二篇。在其中最主要的是檢討了沙克斯博士論文中的對於這一問題的仁慈的資產階級的見解。（第二篇資產階級是怎樣解決住宅問題的？）此後過了一個時期，麥里堡先生對於我的論文給了回答，這是我的光榮；他在這個回答中並且強迫要我公開反駁他。（第三篇關於蒲魯東及住宅問題之補遺。）這樣結束了關於這一問題的論爭，同時也完成了我的專題研究。這三篇連續的論文——另有以小册子形式發行過的單行本——的成立史就是這樣。現在因爲需要而重新刊行，關於這一點我覺得是毫無疑問的：由於禁止，反使它的銷路更爲擴張了，對於德國帝國政府的這種好意的顧慮，我覺得太抱歉了；因之我在這裏，要表示我的深深感謝之忱。

在這個新刊本中，我訂正了本文，增添了各處的遺漏和註釋，同時，訂正了第一篇中一個小小的經濟學的誤謬，這在當時，很遺憾的未被我的論敵麥里堡博士指摘出來。

在通覽全文之際，使我明確意識到的，是最近十四年間國際勞動運動造成了如何巨大的進步。在當時尚有着「二十年以來講拉丁語系言語的勞動者，除過蒲魯東的著作以外，無精神食糧可言」這一事實；由于拚命把蒲魯東當成了「我們全體的老師」的「無政府主義之父」的巴枯甯，蒲魯東主義不過是廣汎的徧狹化了而已。在法國，蒲魯東主義者在勞動者當中雖然不過是一個小派別，但是他們還是有着一定的具體綱領，在公社的統治下在經濟的領域中能起領導作用的唯一的一派。在比利時，蒲魯東主義者對華羅人的勞動者有着決定性的支配力量。至於在西班牙和意大利，除了少數散在着的例外，非無政府主義的勞動運動，都是蒲魯東主義者在起着決定性作用的。然而現在是什麼情形呢？在法國，蒲魯東已為勞動者完全擯棄了，僅僅還有一些自己掛了「社會主義者」的招牌的蒲魯東主義者，在急進的資產階級及小市民之間尚有支持者，却為社會主義的勞動者一派極激烈的抗爭。在比利時，福羅曼德人從運動的領導者中驅除了華羅人，形成了有力的排除蒲魯東主義的運動。在西班牙如在意大利那樣，和七十年代無政府主義的洪水的潰退同時，蒲魯東主義的殘滓已被洗刷淨盡。在意大利，新黨派還在從事淨化作用及組織工作，但在西班牙，則忠實致力於作為國際的總務委員的新馬德里聯盟的小核心組織正在發展成為強力的黨派，這在共和主義的報紙上亦可看到；較之他們吵吵鬧鬧的無政府主義的先輩慣常會搞的一套，這一核心是着實有力地破壞了那批資產階級的共和主義者對勞動者的影響。在拉丁語系的勞動者一邊，現在代替了被忘掉了的蒲魯東的著作的是資本論、共產黨宣言及馬克思派的各種著作。而且無產階級由昂進到專政的以社會的名義掌握所有的生產手段的馬克思的主要的要求，在今日也已成為拉丁語系諸國的全部革命的勞動階級的要求了。

然而，若是說蒲魯東主義在拉丁語系諸國的勞動者間已然確實的被驅除了，而且蒲魯東主義僅是適應了他的本來的性質，不過為所有法國的、西班牙的、意大利的、比利時的資產階級的急進主義者作為表現他們資產階級的及小資產階級的熱望而活動着，那麼現在為什麼還有返回來論述蒲魯東主義的必要呢？為什麼還要舊事重提，再印刷這個論文，和已然死過了的論敵作戰的必要呢？

第一，因為這個論文的意義不單是限定於對蒲魯東和他在德國的代表者的論爭。作為我和馬克思之間所成立的分工的結果，在定期刊物上，從而在與反對的意見作鬥爭上，代表我們的見解是我的責任。如此可以使馬克思為了完成他的偉大的重要著作能保留他的時間。這樣，我以論爭的方式，在反對和我們的見解完全相反的見解上，把自己立於敍述的地位，在這個場合，正是如此。所以第一篇及第三篇不僅包括了單是在問題上的對蒲魯東見解的批評，而且還包括了我們自己的見解的敘述。

第二，還有一層，蒲魯東在歐洲勞動運動的歷史上，雖然可以毫不費力地被埋葬在忘却之中，但是他却演過重要的脚色；雖然在理論上已被淸算了，在實際中已從主流的地位被擊退了，但是他還保持着他的歷史的影響。無論何人，對於近代社會主義要想作某種程度的深入硏究，就必須學習關於這種運動的「被克服了的各式各樣的立場」。馬克思的哲學之貧困是在蒲魯東提出社會改良的各種實際提案之前數年發表的。馬克思在這本著作中，僅只是發現了和批判了蒲魯東的交換銀行的萌芽而已。因之，馬克思的著述，在這一方面，遺憾的是不甚完全，而要由我這本書來加以補充。如果這一工作是由馬克思自己來做，那一定是更高明、更合適的。

最後，資產階級的及小資產階級的社會主義，直到現在在德國還被當作有力的主張。而且實際上，在一方面，以講壇社會主義者及各式各類的人類之友們爲代表，在他們之間，企圖將勞動者變成爲住宅所有者的願望至今還起着主軸的作用。

所以，針對這些現象，我的著作還是有用的。在另一方面，社會民主黨自己的本身內，在議會的分派中尚且發現了代表一定的小資產階級的社會主義的事實。而且，他們雖然承認近代社會主義的根本見解，認爲一切生產手段應該轉化爲社會所有，是正當的要求，但它的實現是在遙遠的將來，實際上，只有在那個難以預測的將來才有可能。因此，他們對於現在，僅僅是指示一些社會的彌縫工作，在某種情況下，他們甚至對所謂「使勞動階級往上爬」這一最爲反動的努力也可以抱同情。像這種傾向的存在，尤其是在有着庸俗的小市民的國土的德國，當工業的發展正把根深蒂固的庸俗的小市民階級，強力地集團地加以肅清時代，就完全不可避免。這個事實，對於在過去八年間和社會主義鎮壓辦法、警察及審判官的鬥爭上，我們勞動者所輝煌地證明了的具有可驚程度的健全精神的運動，毫無危險。不過，每個人都應該明白有這樣一種傾向的存在則是必要的。而且，這種傾向到了後來，當它採取較爲確固的形態或是採取較爲決定的輪廓的場合，——因爲這是必然的，而且還是有着望的——當他們形成那種綱領的時候，必然非依靠他們的先進者不可。而在這種場合，要忽略了蒲魯東，那就不好辦了。

大資產階級的及小資產階級的解決「住宅問題」的共同核心所在，是使住宅爲勞動者所有。然而這種情形，在過去二十年間，完全是德國工業的發達得到特有的光明的一點。在任何別的國家，不但是住宅的所有者，而且還是庭園甚至田地的所有者，這情形是大多數的工資勞動者所沒有的。相同於這種情形，還有多數的人，以租借人的身份實際可以保持住屋、庭園甚至田地的所有。與園藝或小農業相結合而經營的地方性家庭工業乃是形成德國新式大工業的廣大基礎。在德國西部，勞動者是很顯著程度上的所有者；在德國東部，顯然是附屬於田地的住宅的租借人。這種家庭工業與園藝及田地耕作間的結合，從而與所保有的住宅的結合，是手織機業對機織業的防衛戰，隨處都可以發見。如在萊茵下游地方，在威斯多伐林，在薩克遜的阿爾茲山地地方，在夏萊津所發現的。不論是那一種家庭工業，我們發現認爲都是作爲地方的事業的一種而浸入進來的，而且不論在什麼地方，例如：丘林加·華爾得及里恩等等地方，都是這樣。在商議煙草專賣之際，就可以明白：煙草製造作爲地方的家庭工業非常普遍地被經營着。如數年以前在阿發爾地方，一旦小農民中發生了窮困的情況，資產階級的報紙上就以輸入適當的家庭工業作爲唯一的救治之策而叫囂着。事實上，德國的零細農民正在增大的急迫狀態和德國工業的一般狀態，導引地方的家庭工業有了更顯著的擴張。這種情形是德國特有的現象。在法國和我們這種相類似的現象，完全是偶然的例外，譬如在養蠶的地方發現的。在英國，因爲沒有小農的存在，地方的家庭工業全憑利用短工雇農的妻子的勞動爲其基礎。僅在愛爾蘭看到衣服裁縫的家庭工業與德國相同，實際是由農民家族來經營的。至於尚未進入工業的世界市場的國家如俄國等國，在這裏當然不必再說。

這樣，在今日廣大的德國地域中，一見之下，和機器輸入以前佔支配地位的那種狀態相同的工業狀態，現在還存在着。不過，這僅限於一見之下的情況。地方性的、即和園藝及田地耕作相結合的舊時代的家庭工業，至少在工業進步的諸國中，勞動階級在物質上是可以忍耐的，因此所有他們的樂天狀態的基礎，同時也就是他們在精神上和政治上缺少力量的基礎。手工生產物和它的費用是決定着市價的。所以，若和今日比較，對於這種極為稀少的勞動生產力，販賣市場較之通常供應是急激的增大了。此種情形，在前世紀（十八世紀）中葉的英國和在法國的某一部份，譬如在纖維工業中就是如此。然而在當時，正當從三十年戰爭荒廢之後，也就是在最壞的情形下方才開始勃興起來的德國，一切情形就完全不同。在德國，對於活躍於世界市場的唯一的家庭工業，亞麻機業，因為受着租稅和封建負担的壓迫，幹這一行的農民，并沒有提高到其他農民的極低限度的水準生活以上。然而這且不去管它，當時的地方工業勞動者的生活總還有着某種的安定的。

與機器的採用同時，一切都變了。價格現在是由機器生產品來決定的，而家庭工業勞動者的工資便和這種價格一同低落下去了。然而，勞動者要不接受這樣的工貧，就必須另謀生計，這樣做，他們就得變成無產階級，卽他們就得捨棄自己的或租借來的小房子，小庭園及小田地。勞動者願意這樣做的，不過是在很稀有的場合。手織機對於機織機的抗爭，無論在什麼地方，其所以是極爲長時期的東西，是因爲舊時的地方的手織工都兼有園藝及田地耕作；在德國，這種情形，還在造成宅繼續抗爭的原因。這種抗爭，初次所顯示是：卽如在英國，把以前形成勞動者比較幸福狀態的同一條件——卽生產手段爲勞動者所有——但是在今天，對於他們就造成了一種困難，甚至不幸。在工業方面，機器的織機打敗了他們的手織機；在農業方面，大農業打敗了他們的小經營。而且在兩種產業領域中，不管多數人的聯合勞動與機器及科學的應用已經成了社會的通則，他們的小房子，小庭園，小田地和手織機却仍舊和他們的個體的生產和手工勞動的舊式方法結合着。現在是他們的住屋、庭園和他們的所有物比之鳥一樣自由的移動性的價值還不如了。工廠勞動者沒有一個人情願和漸漸地但是確切地走向飢餓的地方的手織工掉換地位的。

德國出現在世界市場上是很遲的。德國的大工業是在十九世紀的四十年代纔開始的。它的第一次飛躍雖由一八四八年的革命而獲得，而一八六六年及一八七〇年的革命，對於大工業說來，至少邊境的政治障礙的除去，才使它開始有了充分的發展。然而德國大工業發現了世界市場大部份已被佔領。英國已經供給了大量生產品，法國已經供給了趣味豐富的奢侈品。對於前者，德國戰不過她的價格；對於後者，德國鬥不過她的品質。所以為了適應原有的生產軌道，目下只有以對於英國人顯得過度狹小，對法國人顯得過度寒傖的商品在世界市場上混混，除此以外，毫無辦法。德國的騙子最喜歡玩弄的實際辦法，是先送去優良的樣品，再送去惡劣的商品。自然不必說，這種辦法行之不久，就在世界市場上受到了嚴重的打擊，竟至到了衰退不振的地步。另一方面，由於生產過剩的競爭，把穩健的英國人，也漸漸迫到品質惡化的險境，因之在這一方面，終竟把不可能獲得的利益，送給了德國人。像這樣，我們遂至有了大工業，至而在世界市場上成了一個角色。不過，德國的大工業幾乎全是爲了內地市場而活動的（除過內地需要量以上所生產的鐵工業），德國的巨大的輸出物，乃是由無數的雜貨所組成，大工業不過對此供給了必要的半製品。就連這些半製品，大部份也是由地方的家庭工業供給的。

在這裏，燦爛地顯出來土地及住屋的所有對於近代勞動者的「祝福」。不用說愛爾蘭的家庭工業不能不置諸論外，像德國的家庭工業那樣的，收入可恥程度的低額工資，不論在哪裏都不例外。家族在他們的小庭園及小土地上所賺來那一點點，作爲競爭的結果，是答應資本家從勞動力的價格上把它扣掉。勞動者對於無論怎樣苛刻的包工工資都只好接受。如果不這樣，那就什麼也得不到了，因爲單是依靠他們的耕地的生產物是不能生活的。而且，在另一方面說，正是這種耕作和土地所有把他們束縛在土地上，才妨害了他們另尋謀生之道。就憑了這一點，使德國的各種雜貨在世界市場上纔有着競爭能力的根據。由於全部資本利潤是由削減正常工資所造成的，而且，可以把由工資削減的部份奉贈給買主。這就是許多德國輸出品其價格便宜得令人喫驚的祕密所在。

在其他的工業領域中也增加了其他的事情，使德國的勞動者工資及生活標準固定在西歐諸國的狀態以下，全是這種事情。傳統地深深把勞動力置諸價值以下的勞動價格的負担，至而把都市甚至大都市的勞動者的工資都降至勞動力的價值以下。而且，代替了舊時手工業，在都市中通行的低工資的家庭工業中，那情況還要不堪。而且在這裏，工資的一般水準也降低了。

至此，我們便明瞭了下列的情形：在以前的歷史階段中，勞動者相對的幸福的基礎，是建築在耕作與工業的結合、住屋與庭園及田地的所有、住宅的確保之上，可是在今日大工業的支配之下，這些東西不僅是勞動者最殘酷的桎梏，而且是整個勞動階級的最大不幸，就是說，它們造成了在正常的高度以下的空前工資的低下的根據；而且，不僅是個別事業部門及地方是如此，全國範圍以內皆是這樣。所以，依靠這種工資高度的削減爲生和積蓄財富的大小資產階級，熱中於製造地方性的工業以及具有自己房屋的勞動者，把採用新的家庭工業方式，作爲對一切地方的貧窮狀態的唯一救治方策，那是毫不足怪的了！

這不過是事情的一面，還有它的裏層的一面。家庭工業是德國的輸出貿易的廣大的基礎。因此它便成了德國全部大工業的基礎；因此，家庭工業便散佈於德國的廣大地域，而又被日日在擴充着。小農民爲着自己使用的他們的工業的家庭勞動由於被廉價生產的製成品及機器生產品所破滅，并且他們的肥料生產卽家畜飼養，由於村落共同體組織、共有地、和強制共同耕作的破滅而破滅，從被滅絕的開始時起，小農民的沒落便成了不可避免的命運。這種沒落，遂將陷於高利貸手中的小農民，強制地迫逼到近代家庭工業中去了。一如愛爾蘭的土地所有者的地租那樣，德國不動產抵押的高利貸的利息，并不能由土地的收獲而取得，它只能由工業的農民的工資來支付。然而，和家庭工業的擴張同時，從這一農村到那一農村都在順次地捲入現代工業運動的浪潮中去。德國的工業革命較諸英國及法國的場合，更爲流行於廣大的地域，便是由于這種家庭工業和農村地方的革命化。而且家庭工業的擴張之以更廣泛作爲必要，是因爲德國的工業是在比較低的階段。這情形說明了，德國的勞動革命運動爲什麼會與英國及法國相反，不是依託於中心的都市，而是有力地普及於全國的大部份地區；而且這也說明了，運動的穩靜的確實的不斷的進步。主要都市及大都市的勝利的起義，僅僅在多數的小城市及大部份的農村地區，對於這種變化成熟了的時期，開始變成可能，這一點在德國是很明白的。就某種程度的正常的發展情况而進行的場合，我們是得不到像巴黎人在一八四八年及一八七一年所得到的那樣勞動者的勝利的。然而，正因爲這個緣故，像巴黎在這兩個場合所遭受的那樣，由於反動地方的致使革命的主要都市遭受敗北的情况，也是不會有的了。在法國，革命運動常在主要的都市中發生；在德國，是在大工業、工場手工業、家庭工業的所在地發生；而且主要都市是到了後來才開始服從了的。因此，恐怕在將來，開創的任務雖然將要爲法國人所保留，但是最後決戰，則只有在德國戰鬥了。

然而，在那個範圍內，成爲德國決定性的生產部門的，因而把德國農民漸漸革命化了的農村家庭工業及工塲手工業，不過是處在較爲廣泛的變革的前階段而已。如馬克思所證明的樣子（資本論第一卷，第三版，四八四——九五頁），農村家庭工業及工塲手工業，在一定的發展階段上，由於機器及工廠經營它最後沒落的時間行將到來。而且這個最後的時間已然迫近了。因爲機器及工廠經營，使農村家庭工業及工塲手工業瀕於滅絕，是否定了德國數百萬農村生產者的生存，奪去了德國約半數的小農民生計，不僅家庭工業向工廠經營轉化，就是農民經濟也向大資本家的農業方面轉化，即小土地所有者的土地轉化爲大地主所有。要之，這就是爲了資本及大土地所有者的利益而犧牲農民的工業革命。這種變化在舊的社會條件下還要完成，如果是德國所注定了的，它的轉換期就要無條件地形成了。而且，到那個時候，倘若他國的勞動階級還未動手，那時的德國，一定要無條件地開始戰鬥。而且，那些「優秀軍隊」中的農民子弟們，將要勇敢地援助這個戰鬥！

而且，給予一切勞動者以自己所有的小房子，這樣將勞動者半封建地束縛於資本家手中，這種資產階級的及小資產階級的烏托邦，在今天採取了完全不同的一種形態。作爲它的實現的表現，是將一切農村小房屋所有者，轉化爲工業的家庭勞動者。因而，小農的舊時的封鎖狀態便捲入了「社會的旋渦」；因而，滅絕了他們政治上的無力；工業革命向落後地方的擴大，因而，使人口中最爲固定的、保守的階級轉化到革命的温床上去。總而言之：由於機器剝奪了家庭工業的農民，農民被強力地驅趕到了暴動叢中。

我們對於資產階級的——社會主義的博愛家，他們一面作爲資本家而繼續公的機能，一面又爲了社會革命的福祉，在這種反對的方法上，儘力實現他們的理想，他們的理想的自私的享樂，我們是高興應允的。

F．恩格斯　一八八七年一月十日在倫敦。

第一編　蒲魯東是怎樣解決住宅問題的

民衆國家的第十期及其以後幾期刊載了關於住宅問題的六篇連續論文，這些論文，由於一個理由，是値得考慮的東西。爲什麼呢？因爲除過早在往昔已被遺忘了的四十年代的二三美文學外，它是把蒲魯東學派移植到德國的最初的嘗試。在這一點上，卽較之恰巧也正是在二十五年前對於蒲魯東思想已經淸算了（馬克思：哲學之貧困，布魯塞爾及巴黎版，一八四七年刊。）的德國社會主義的整個發展過程甚爲退步這一點上，對于這個嘗試，是有着立卽執以對抗之勞的價値的。

在今日的報紙上，演着重要角色形成所謂住宅恐慌的東西，不是在於勞動階級普遍地生活在惡劣的、人口過剩的、不健康的住宅內這一點。這種住宅恐慌幷非這個現代特有的事物。它決不是近代無產階級與一切舊時的被壓迫階級不同的特有的苦難之一。相反的，這種住宅恐慌是一切時代的一切被壓迫階級的比較平均的際遇。使這種住宅恐慌結束的方策只有一個，那就是推翻統治階級對勞動階級的一般的榨取和壓迫。——人們今日所說的住宅恐慌是由於大都市的人口激急的擁塞，勞動者的惡劣的住宅狀態更顯著地增強。即房租的飛騰不已，每個住屋的居住者密集度的增大，有些人竟找不到一個容身之地。而且，這種住宅恐慌，并非僅僅限定於勞動階級，更因爲由於小資產階級也混入了這個旋渦，所以議論就更紛紜了。

近代大都市的勞動者及一部份小資產階級的住宅恐慌，是從今日資本主義生產方法所發生的無數的比較小的、次要的弊害之一種。住宅恐慌全然不是勞動者之作爲勞動者受資本家的榨取的直接結果。這種榨取，正是社會革命廢止資本主義生產方法時，所要廢除的根本惡害。資本主義生產方法的基石，是下述的事實，現在的社會組織是被這樣安置的：資本家將勞動者的勞動力照它的價值購入，而使勞動者在再生產對他所付的勞動力的價格上做必要以上的長時期的勞動，由此而把它的價值以上的更爲多的部份，自勞動者而獲得。由這種方法所生產的剩餘價值，被資本家及土地所有者的全階級，以及他們以外的他們的雇傭使用人，即自教皇、帝王以迄守夜人等人員，人各有份地分配了。這種分配如何進行，這裏與我們無關。然而，不論這一切不勞動者用何等的方法，他們總是依賴流入他們手中的這種剩餘價值的一部才能生活，則是確實的。（可參看開創此說的馬克思的資本論。）

由勞動階級所生產而被無償地奪去的剩餘價值之在非勞動階級之間的分配，是在最爲有教養的鬥爭及相互欺騙之下進行着的。幷且，這種分配在用買賣的方法來進行時，它的根本動力之一，便是賣主對於買主的欺騙。而且，大都市的零售商所進行的這種欺騙，現在甚至成了賣主唯一的生活條件了。勞動者被零售商及麵包商，以他們的商品的價格及品質來欺騙，決不是因爲他的勞動者的特殊身份，他們才這麼幹的。相反，這是在一定的場所，一定的平均程度的欺騙變成了社會的通則時，它在長期間中，與工資的增加相應，必定會得到的平衡。勞動者在零售商面前是作爲買主而出現的，卽是作爲貨幣及信用的所有者而出現的，因此，勞動者所持的身份，幷非是作爲勞動力的賣主而出現。這種欺騙，像對於一般比較貧困的階級那樣，對於勞動者，較之對於富裕的社會階級，是更利害地進行着。不過，這幷不只是單單對付勞動者的、勞動階級所特有的惡害。

關於住宅恐慌，也正是這樣。近代大都市的膨脹，對於市內的一定的、尤其是中心地域的土地，單是人爲的，不斷地給予它以越來越昂貴的價值。然而，這片土地上的建築物，它的價值幷不會昂貴起來，反之，其價值是每況愈下。爲什麽呢？因爲它早已不能適應這種變化了的環境。因此，人便拆毀了它，以其他的建築物來代替。這是從位置於中央地區的勞動者的住宅來開始的。這種住宅的房租，卽使在住得極爲擁擠的場合，也決不能超出一定的最大限度以上；卽或超出最大限度以上，其極度也是慢慢地增加來的。人將這種住宅拆毀，改建爲店舖、零售商店、公共建築物。保拿巴脫主義者以投機者身份在巴黎利用這種趨勢由欺詐而致富，進行了最大規模的榨取。這種投機業者的精神，也流入了倫敦、曼却斯特、利物浦，就是在柏林和維也那，也把這些地方當作故鄉一般來思念的。結果，勞動者由都市的中央被驅逐到郊外，從而形成了勞動者住宅及小住宅的極爲缺少而昂貴、還常常找不到的狀態。這是因爲在這樣的情況下，在較爲高價的住宅上，發現更好的投機市場的建築工業家，除了極少的例外，不再去建築勞動者的住宅了。

這種租房子恐慌，對於勞動者，較之比較富裕的階級，更是過於殘酷地遭遇着。然而，這和零售商的欺騙一樣，并非是單獨使勞動階級受困迫的一種惡害。因之，單就勞動階級而言，當它達到一定的水準和一定的恆久的場合，也必然會發現同樣經濟的平衡。

勞動階級和其他的階級，特別是小資產階級，共有的這種煩惱，便是小資產階級的社會主義者——蒲魯東亦屬之——特別喜歡研究的所在。所以德國的蒲魯東主

• 5 •

義者，就中，旣如我們所知道的那樣，將決不是勞動者所特有的問題的住宅問題作爲我們的東西，和我們相反，宣稱只有這一問題，才眞正是勞動者的特有問題，這是斷非偶然的。

「工資勞動者對於資本家的關係，便是房客對於房主的關係。」

這全是一派胡說。

在住宅問題上，存在着相對的兩個當事人，卽房客和房主。前者欲由後者買得一個住宅的暫時使用。他是有貨幣或信用的。而且在信用的場合，他從房主那裏，非將這種信用以高利貸價格卽租金的貼加形式購買不可的。這是單純的商品販賣。這不是無產階級與資產階級卽勞動者與資本家之間的交易。房客——就假定他本身是勞動者——是以有資力的人的身份而出現的。他爲了能拿他的收入，作爲一個使用住宅的買主而出現，他一定已經賣掉了他的特有的商品勞動力，或者，他必須已經得到立卽可以賣掉他的勞動力的保證。資本家的勞動力的販賣之特有的結果，在這種場合全然沒有。資本家，第一，把購入的勞動力，使它生產其自身的價值；第二，作爲在資本家階級之間分配的條件，是使它生產當時掌握在他手中的剩餘價值。所以，在這種場合是使生產額外價值，使存在價值的總額增加的。租賃交易的場合，與此完全不同。不論房主向房客騙取到如何程度，它常常是已經存在的，以前所生產的價值的轉移而已；而房客及房主所有價值總額，不論是前者或後者，完全是同一的。勞動者的勞動力，不論由資本家按照牠的價值支付，或是價值以上或是價值以下的支付，總常常是將他的勞動生產物的一部份騙取了；但是房主對於房客，必須要在價值以上的支付時才是這樣。把房客與房主的關係和勞動者與資本家的關係相提幷論，全然是曲解。相反的，我們必須把這種關係當做兩個市民之間的商品交易關係，這種交易是依照一般商品販賣的經濟法則、尤其是地產商品販賣的經濟法則的支配而進行的。第一必須計算進去的是房屋或房屋一部份的建築費及維持費；第二要計算進去的是地價，它是由住宅地位優良的程度來決定的；需求與供應關係的瞬時狀態則成了最後的決定點。這種單純的經濟關係，在我們蒲魯東主義者的頭腦中是如次的表現着的：

「凡已建築的房屋，假令在以前，它的實際價值，已在租賃的形態上，十二分地支付了它的所有者，對於社會勞動的一定部份，它是作爲永遠的權原來使用的。舉例來說，在五十年以前建築的房屋，在這期間內，作爲房租的收益是得到了其最初費用的價格之二倍、三倍、五倍、十倍的。」

這完全和蒲魯東是相同的。第一，忘記了：房租內不僅要計算進去房屋建築費所支出的利息，而且必須貼補對於修繕、不良債權、收不到房租及住屋有時是空屋時的平均額，最後，投在隨着時日消逝以致不能居住、成了無價值的房屋上的建築資本，每年必須要償付的一定率。第二，忘記了：房租同時對于房屋所立足的土地的價值騰貴還必須付利息，因此它的一部份變成了地租。然而我們的蒲魯東主義者，立即說明了的是：這種價值昂貴幷不是由土地所有者的努力而發生的，在法律上說，這不是屬於他的東西，而是屬於社會的東西。不過，事實上，這是忽略了：那是在土地私有被廢止了的時候才有的情形。這種土地私有詳加論列起來，是扯得太遠了。最後，他忽略了：關於這個全部交易所有的關係，并非是自所有者買他的房屋，而僅是購買房屋一定期間的使用權。對於從某種經濟現象引起的，關係實際上事實上的諸條件，毫未加以思索的蒲魯東，對於一座房屋的原來的費用價格，爲什麼在採取租賃形態的場合，五十年間內可以收入它的十倍的原因，甚至他自己也沒有說明白。代替對這種毫無困難的問題作經濟的研究，代替確切證明它是否在事實上與經濟法則有矛盾和爲什麼發生矛盾，他從經濟學大膽地飛躍至法律學以拯救自己：「凡已建築的房屋」，對於每年一定數額的付出，「它是作爲永久的權原來使用的」。這種情形是怎麼形成的呢？房屋是如何變成權原的呢？關於這些，蒲魯東是沉默的，雖然這些却正是他必須說明的問題。倘若他研究過這個問題，他就會發現：不論世界上一切的權原是怎樣永遠的東西，正是那個時候，在五十年間，以租金的形態，付出了它的費用價格的十倍，而幷未得到確實具有房屋的權力；反之，僅僅是經濟條件（這是指它以權原的形態得到社會的承認而言），是得到它的東西。因此，他依然是停留在和原來一樣的地方。

蒲魯東的整個學說，是從經濟的現實向法律辭句的求救的飛躍作基礎的。這個勇敢的蒲魯東，每當弄不明白經濟關係——這情形在他說來，對於一切重要問題莫不如此——的時候，都把自己逃在法律的範圍內，訴諸永遠的正義。

「蒲魯東，首先是，自商品生產相應的權利關係汲取『永遠的正義』這種理想，以此爲據，以爲商品生產的形態和正義是必然同樣的東西，而給予一般市民那種慰安式的論證。然後，反依照這種理想，將現實的商品生產及其相應的現實的權利關係，想加以改造。若是有一個化學家將代謝機能的現實的法則加以研究，幷不以此爲基礎將一定的問題加以解決，却反而將代謝機能，依照『自然性』、『親和性』的『永遠的理想』，想加以改造，那我們對於這種學者將作何感想呢？當我們談到高利貸是和『永遠的正義』、『永遠的公正』、『永遠的互助』，或其他的『永遠的眞理』相矛盾的時候，和神父們所說的高利貸是和『永遠的恩寵』、『永遠的信仰』，『永遠的神意』相矛盾的場合相比較，關於高利貸的知識能多知道什麼呢？」（資本論第一卷四十五頁。）

我們的蒲魯東主義着，較之他們的主人又是他們的先生的人的伎倆更糟糕。「租賃契約，一如循環在動物體內的血液，是在近代社會生活中甚爲必要的無數的流通之一。因之，若是此後這一切流通，都依照一種法理的觀念而被滲透，就是說，在一切地方都是依照正義的嚴格要求而進行，那當然是這個社會的利益了。一言以蔽之，社會的經濟生活，像蒲魯東所說那樣，必須提升到經濟權利的高度。然而在事實上，與這完全反對的情形，在明明白白地進行着。」

在馬克思將蒲魯東主義的致命的方面給了簡潔而決定的指示以後已然經過了五年的時候，竟還有同樣混亂的言語無味的東西，被用德國文字印刷了出來。我們能相信嗎？這種囈語到底是什麼意思呢？因爲規定現今社會經濟法則的實際作用，把著者的正義感攪亂了，所以像援助這種正義感那樣，對于整理事物的方法，抱着這種所謂好的虔誠的願望，除這以外，就再沒有什麼了。然而，蛙要是有尾巴，它早已不是蛙了！何況資本主義生產方法，不也是仰仗了「一種法的理念」即其特有的勞動者榨取權的理念而進行的嗎？而且，在這個著者對我們說這不是他的法的理念的地方，我們難道前進過一步嗎？

不過還是回到住宅問題上去罷。現在，我們的蒲魯東主義者，把他的「法的理念」自由地高翔了。下邊是這麼傷感地朗誦着：

「我們絕不躊躇地主張：在大都市中，人口的九成及九成以上，都沒有拿到可以名之爲他自己的地方這一事實，對於這個被稱讚的世紀的整個文化，沒有比這更可恐怖的侮蔑了。原來是道德的及家族的生存之結合點的房屋及灶，被社會的旋渦捲走了。……我們在這一點上，遠不如野蠻人。穴居民有他的洞穴，澳大利亞的土人有他們的泥屋，印度人有他們所特有的灶。然而近代的無產階級，事實上却是在世上飄浮着」云云。

在這種哀歌中，我們看到了蒲魯東主義中的全部反動形態。爲了形成近代革命的無產階級，把還連繫着勞動者在土地上的臍帶加以切斷，是絕對必要的。和他的織機一同的，有着小房屋、小庭園和一點小田地的手織工，不論在怎樣貧困和不論怎樣政治壓迫的時際，都是「信仰神，品行方正」的安靜而滿足的人；他在富者、僧侶、官吏而前，脫帽鞠躬如也——內在的，完全是一個奴隸。把勞動者從拴着他的土地上解放，從一切傳統的鐵鎖解放，成了完全無所有者，製造這一有着完全像鳥那樣自由的無產階級的，正是近代的大工業。唯一能創造顛覆榨取勞動階級的最後形態即資本主義生產的條件的東西，實在就是這種經濟革命。然而現在出現的這樣傷感的蒲魯東主義者，正是把這種勞動者精神解放的唯一條件，即把勞動者從他的家和灶驅逐出來，如同一大退步似的嘆息了。

二十七年前，我曾把這種勞動者從家和灶驅逐出來的過程，根據十八世紀它在那裏的實況，記下了它的大要（英國勞動階級的狀態，一八四五年刊）。關於土地所有者及工廠主必須負這種汚辱的責任以及這種驅逐首先及於有關勞動者在物質上及道德上的不利作用，在該書中，都有相當的敍述。但是，我會想到把這種完全是歷史發展的必然過程的狀態看做是「遠不如野蠻人」的退步嗎？這全然是不可能的！一八七二年的英國無產階級較之「有家有灶」的一七七二年的農村手織工，有着不能相比擬的高級狀態。那些有洞穴的穴居民，有泥屋的澳大利亞人，有自己的灶的印度人，不論什麼時候，能實行七月暴動或巴黎公社嗎？

自從實行資本主義的生產以來，以大體的標準來看勞動者的狀態，就全體說來，凡疑心其物質上的惡化的，只有資產階級。然而因此我們就應當憧憬埃及人的肉鍋（這也是可怕的貧弱）、或是僅僅造成奴隸精神的農村小工業、或留戀「野蠻人」嗎？應該相反。只有被近代大工業所形成的、從一切傳下來的鐵鎖和把他們拴在土地上的鐵鎖解放，而瘤集於大都市的無產階級，才能夠開始實行將一切階級榨取和一切階級統治使之告終的偉大的社會改造。對於有着家和灶的舊時的農村手織工，要他這樣地思想，而且要他這樣地實行，當然都辦不到。

與此相反，對於蒲魯東說來，由於機器代替了手工勞動，使勞動生產力進步千倍的蒸氣力、大工廠，卽過去百年間的整個工業革命，是最爲可厭的結果，是本來用不着發生的東西。小資產階級蒲魯東所要求的，是立卽可以供各人使用，能在市場上交換，完成特殊的獨立生產物的世界。僅僅只有在這種時候，卽每人能把他的勞動的全部價值，再在其他的生產物上取回來，這纔能給予「永遠的正義」以滿足，最好的社會纔能形成。然而，這種蒲魯東的最好的世界，已經在它的蓓蕾中，由於在一切大工業部門中，滅絕了個體勞動，甚至在小些的部門及最小的部門中，個體勞動也日益瀕於滅絕，在不斷進步的工業發展的足下，被蹂躪了。代之而起的，是由於機器和自然力的被使用所促進的社會勞動，那種立卽可以交換，并且可以使用的完成品，是非通過許多手不可的多數人的共同生產物。完全由於這種工業革命，人類的生產力才達到非常之高度的人類存在以來，方才開始了由於在一切人們之間的勞動的合理分配，不僅充分的供給一切社會成員以充分的消費和豐富的準備資金，對於每個人，甚至給予有充分閑暇的可能性。因此之故，從歷史上流傳下來的教養，卽科學、藝術、以至社交形式，才成爲事實上有價值的東西，而得到維持。不僅單是維持而已，而是將其由統治階級的獨佔轉化爲全社會的共有財產，使之有更進一步的發展。這裏就是決定點。當人類勞動生產力一達到這樣高的程度，就消失了統治階級存在的一切藉口。爲了顧慮到社會的精神勞動，爲了要得到寬裕的時間，就不能沒有不必爲日常生活資料的生產而煩惱的階級的存在，這一點，正是常常被作爲應該有階級區別的辯護的最後所根據的理由。從來是揹着偉大的歷史理由的這種饒舌，由於過去百年間的工業革命，一舉而紛碎了它的根據了。統治階級的存在，早已一天一天，對於工業的生產力的發達，以及科學藝術與有教義的社交形式的發達，成爲是一種障礙了。再沒有比我們近代資產階級還大的障礙了。

關於這一切，蒲魯東先生什麼也沒有說。他要的僅僅是「永遠的正義」，只此而已。一切人以他的生產物來交換，必須取得他的勞動的全部收益，他的勞動的全部價值。然而，把近代工業的生產物，這樣來加以計算，是會弄成錯綜的情形的。對於近代工業中的總生產物，個人參加的特別情況是難以明瞭的，而在舊時的個體手工勞動中，個人所生產的特殊的貢獻則能在生產中表現出來。再則，近代工業愈益克服了蒲魯東的整個體系所立足的個體交換，即各當事者爲了消費其他的生產物而交換，在兩個生產者間的直接交換。所以通過全部蒲魯東主義，是有着一種反動色彩的。卽：反對工業革命的意志及驅逐整個近代工業、蒸氣機、紡織機及其他妄想，而還原於舊時的樸實的手工勞動，——這種有時公然出現有時隱然出現的願望。那時，我們將要喪失千分之九百九十九的生產力，全人類都要墮入最最可憐的奴隸勞動，而飢饉的苦惱，將成爲普遍的狀態了。——若是我們使一切人，這樣地取得他的「勞動的全收益」，來實現「永遠的正義」，而完成交換設備的話，那結果將是怎樣呢？Fiat justita pereat mundus！

正義必須存在，

就是全世界崩潰也在所不惜！

而且，若是蒲魯東的反革命的理論普遍實行了，那就是世界崩潰之時了！

而且，在由近代的大工業創造了條件的社會生產中，對於每個人，他的「勞動的全收益」——在這個字句限於一定的意義的場合——也是可以得到保障的，其理自明。這個字句僅僅在下面的被擴張了的場合才是有意義的。即：一切的個別勞動者，他并不是成了他的「勞動的全收益」的所有者，而是純粹的勞動者所組成的整個社會成了他們的全部生產物的所有者，社會將全部生產物的一部份，因爲社會成員的消費而分配，一部份爲了補充及增加社會的生產手段而使用，一部份則作爲生產及消費的準備資料而積蓄起來。

由上所述種種，我們的蒲魯東主義者，將如何解决這個重大的住宅問題，我們早知道了。一方面，我們要求凡一切的勞動者必須要有他自己的、屬於他的所有的房屋，這樣，我們才不至於處在比原始的野蠻人還壞的狀態；另一方面，是這樣論證：一間房屋以租賃的形態實際上要支付本來費用的二倍、三倍、五倍、十倍，這是因爲有一種權原的關係，而這種權原是和「永遠的正義」相矛盾的。解决的辦法是簡單的：我們廢止權原，藉永遠的正義之力，將已支付了的房租，算作房屋的價格的分期支付。人若是將內裏早已包含結論的前提作好的話，當然，把以先準備好的結果從口袋裏掏出，去誇示那個結果所達到的確切不拔的理論，那是不必要有比魔術家還高明的技巧就行了的。

而且，這裏正發生了這種情況。廢止租賃住屋認爲必要而被宣言了。這其實是在所謂要一切的租賃人都要求將他所居的房屋轉化為自己所有的這一形態上發生的。我們怎麼下手呢？簡單得很：「使賠償租賃的房屋。……對於原來的房屋所有者，將他的房屋的價值一文不少地付給他就是了。過去方式所支付了的房租，為了資本的永遠的權利，由租賃人將所付過的房租算作賣物；從賠償租賃房屋的宣言之日起，租賃人照嚴密規定的金額，對於轉移為他所有的房屋，逐年分付……準此以行，社會自然變為獨立自由的房屋所有者的集團了。」

蒲魯東主義者在這裏發見了對於永遠的正義的一種犯罪：房屋的所有者不需任何勞動，就可以從投於房屋的資本上取得地租及利息。他訓令道：非要廢止這些不可；房屋所有者不應該再取得投在房屋上的資本的利息；而且，要是他購買了房屋所建的土地的所有權，也不應當取得同樣的地租。然而我們從這裏明白了：這種辦法，絲毫並不觸犯今日以資本主義生產方法為基礎的社會。榨取勞動者的旋轉樞軸所在，就是出賣勞動力給資本家，和資本家按照這種交易而使用勞動；由於這一情形，資本家強制勞動者生產他所支付的勞動力價值額以上的剩餘生產。正因爲資本家和勞動者間的這種交易，就產生了一切剩餘價值，而這些剩餘價值，後來以地租、商業利潤、資本利息、租稅等形態，被種種次一等的資本家及他的使用人所分配。蒲魯東主義者在這裏出現了，他相信：如果我們禁止這些唯一的次一種類的資本家，即並不直接購入任何勞動力，因之亦並未使人生產任何剩餘價值的種類的資本家，去取得利潤或是利息，我們就可以前進一步了！舉例來說，從明日起把房屋所有者收取地租及利息的可能性從他們剝奪掉，勞動階級被掠奪的無償勞動的總量却還是同量的。不過，這在我們的蒲魯東主義者說來，是不妨礙下邊所說明的東西的：「像這樣，租賃住屋的廢止，是從革命思想內部所發生的最有效果的、最爲得體的努力之一，而且必將成爲社會民主主義一方面的第一流的要求。」下的雞蛋愈大，叫聲愈小，下的愈小，叫聲愈大，他們的宗師蒲魯東所玩的江湖把戲，正是這樣。

話說回來，然而，請諸位想一下這個美事吧：使勞動者、小資產階級及資產階級，不得不遵照按年付款的辦法，由他的住屋的一部的所有者進而變成了全部的所有者。在英國的工業地區，有大工業，有勞動者的小房，假定一切結了婚的勞動者都有小房住，這種辦法大概還有意義。然而，在巴黎及歐洲大陸的主要都市，與小工業的存在一同的有着住十家二十家三十家的共同居住的大雜院。在廢止租賃住宅的宣言頒佈世界解放命令之日，彼得在柏林的一家機器工場作工；經過一年以後，他變成漢堡門附近一家五樓的一室這個住宅的十五分之一的所有者。他失業了不久又住到漢諾威的包多靈夫的三樓上，可以眺望到院子的同樣一間住宅中去了。他在這裏住了五個月以後，恰在獲得了三十六分之一的所有權的時候，因為罷工，被迫到慕尼黑，因為他在這裏停留了十一個月，不得已才以相當於一百八十分之十一的所有權承受了渥比・恩卞・加塞後面的一間較為陰暗的住屋。就像今日的勞動者屢屢遇到的那樣，因為頻繁的搬居，他還在桑・加倫有同樣值得推奨的住宅的所有權的三百六十分之七，在利茲另外一個住宅有一百八十分之二十三，塞林的第三個住宅的——若看在「永遠的正義」的面上，不發牢騷，而加以精密計算的話——五萬六千二百二十三分之三百四十七的所有權。在這裏，我們的彼得，把這一切的住宅所有股份，到底怎麼處理呢？誰對於這些所有股份給予他正當的價值呢？對於他以前住過的形形色色地方，叫他又從那裏去找到其他部份的股份所有者呢？

在適宜的大雜院裏，全院總約有二十家住宅，經過償還期間，在租賃住宅被廢止的時候，散在世界各地的爲數有三萬人的部份所有者的這種所有關係，到底怎麼處置呢？我們的蒲魯東主義者有着下面這樣的答覆：到那個時候，蒲魯東的交換銀行就設立了，這個銀行不論在什麼時候，不論對任何人的勞動生產物的整個收益，甚至住宅的所有股份，都要按全價值支付。不過，第一，關於交換銀行的事情，在關於住宅問題的論文中，一點也沒有提到，因此在這個場合，是毫不相干的；第二，交換銀行所立足的特殊的謬誤是：不論何人想要賣掉商品，他必定會隨時找到支付他的商品的全部價值的買主。第三，在蒲魯東發現交換銀行以前，英國已然在「勞動交換所」（Labor Exchange Bazaar）這一名稱下，不旋踵而告失敗。

勞動者自身必須買入住宅這一整套的思想，也是依靠着我們所指摘出來的蒲魯東的最爲反動的根本思想的。即：由近代工業所發生的狀態是病態的發達，因此要強制這個社會，——即也是反抗百年以來繼續不斷的潮流——普遍地實行舊時安定的個體手工勞動。換言之，就是必須把已經沒落而且還在繼續沒落的小工業經營，理想化地再建起來，推進到原先的狀態這種思想。勞動者一入這種安定的狀態，在僥倖免除了「社會的旋渦」的時候，勞動者自然就可以開始再度使用「家與灶」的財產權了，上述所說的償却說也就不是無的放矢了。不過在這個場合蒲魯東忘記了：要完成這種工作，先得把世界歷史的指針撥回一百年才行，並且，因此他還要把今日的勞動者重又變成他們高曾祖父輩那樣偏狹、卑屈、陰暗的奴隸精神的所有者。

在蒲魯東的這種解决住宅問題上，所存在的實際的合理的可以利用的內容，在今日已然被實行了，其實，這種實行並非來自「革命思想的核心」，反之，是從大資產階級而來的。關於這個，我們聽聽在一八七二年三月十六日所出版的西班牙的出色的報紙馬德里的解放(Emancipacion)上面所說的罷：

「要解决住宅問題，還有一種另外的手段。這就是由蒲魯東提案，乍見使人眩惑，仔細一加檢討，便暴露出了完全是無力的那種東西。蒲魯東提議要租賃人由分期支付而轉化爲買主。因此，便把一年一年所支付的房租作爲住宅價值之償却的賦金而計算，租賃人在經過一定的期間以後，就成了這個住宅的所有者。蒲魯東所設想的這種革命極了的手段，在今日一切的國度中，投機業者的公司都是這麼作的，依據房租的哄抬價格，使支付房屋價值的二倍乃至三倍。法國東北部的多爾扶斯先生及其他的大工廠主，不僅爲了發財的打算，而且含着一種政治的用意，來實行了這種辦法的。

「統治階級的最爲精明的領袖們，常常爲了養成對抗無產階級的一種隊伍，向增加小財產家的數目而努力。前世紀的資產階級革命，曾將貴族及教會所有的大土地細分成了零細所有，然而——這正是今日的西班牙共和主義者，對於至今尙存的大土地所有打算作的——正是這個緣故，對於從此以來的都市無產階級的革命運動（註），才形成了有着最爲反動的要素的、成了不斷的政治的障礙的小土地所有者

（註）在美國的大都市及正在勃興的大都市附近，由於勞動者組織了自己的「家庭」，住宅問題是解決了，然而，關於這是怎樣露骨地實行了的，可參閱一八八六年十一月二十八日愛利諾・馬克思＝阿維林的伊其阿那卜里斯來信中的一節：「我們在康甕思城內或不如說它的附近，完全在原野中，看到了是三開間的可憐的小木屋。它的土地價格是六百元，剛够建築小房用的大小程度，這個小屋也需要六百元。所以要費一小時才能從街上走到的這個泥濘的荒野中的可憐小屋，合計起來，需要四千八百馬克。因之，勞動者僅只在獲得這個住宅上，就非有多額的抵押債務不可，因此，他們從此完全成了屋主的正式奴隸。他們的住屋把他們拴在這裏，走又不行，他們對於所提議的一切勞動條件，就只好甘受了。」——恩氏原註。

• 26 •

階級。拿破崙三世，曾企圖用把國債的股份變小的辦法，在都市中形成同樣的階級。而且，多爾扶斯先生和他的同伴們，他們試辦的是對於他們的勞動者，用出賣按年支付的小住宅的辦法，使勞動者的一切革命的精神不僅受了抑制，同時因了土地的所有，把他們束縛在一度勞動過的工廠。所以，蒲魯東的計劃，對於勞動者，並沒有帶來什麼安定，反之，完全是相反的東西。」

那麼，怎麼樣才能解決住宅問題呢？在現今的社會上，這正和解決其他一切社會問題一樣的：是使需要和供給漸趨經濟的平衡，這麼解決的。然而這種解決，不過是使問題這個東西常常又以新姿勢出現而已，等於沒有解決一樣。社會革命要怎樣解決這個問題呢？那不僅要看當時的情況，而且和其他進一步的問題還有關係。在這些問題中，如消滅都市與鄉村的對立，就是最本質的問題之一。因爲我們在這裏不是對將來的社會建設製作烏托邦的體系，所以深入這個問題，是有害無益的。不過在大都市中，現在所存在的住宅爲數已然可觀，要是能合理地予以利用，一切實際的「住宅恐慌」卽可迎刃而解，這一點則是確實的。這自然是這樣進行：沒收現在的所有者的，把沒有住處的以及向來住在擁擠不堪的住宅中的勞動者，使之住在現在所有者的家中。而且只要無產階級一旦獲得了政權，以公共福利爲目的的這種方策，立卽就可以像今日的國家之實行一切剝奪和佔據房屋一樣地容易執行了。

可是，我們的蒲魯東主義者，對於到今日爲止他們在住宅問題中的業績，並不滿足。他們一定要把這個問題，從平地送到高的社會主義領域，用以證明這個問題在社會主義中仍然是本質的「社會問題的部份」。

「至於說到資本的生產力，以事實爲例，假定由過渡的法律——這是早晚非要興起不可的——來制御，將一切資本的利息定爲一分。要是如願以償，在這個場合，利息比率自然常常有着近乎零的傾向，因而在資本的償却上，就毋須要支付必要勞動以外的任何東西了。和其他一切生產物同樣，房屋以及住宅自然也都要包括在這個法律範圍之內，……它的所有者，首先，可就得出賣他的房屋了。倘若不這樣，因爲他不能利用他的房屋，投注在房屋上的資本可惜也變成了無用的東西。」這些章句是包含了蒲魯東問答書中主要信仰條項之一，而且是支配其中的混亂思想的顯著的一例。

這個「資本的生產力」是無意義的，是蒲魯東從資產階級的經濟學者那裏無批判地採用來的東西。資產階級的學者，實際也是拿着把勞動是一切富的源泉、是一切商品的價值的規準這樣命題而出發了的。不過，他們又必須說明的是：資本家向工業或手工業放出資本，如何在一個事業的結果上，不僅得到了放出資本的償還，而且在這上面獲得了利潤。因之他們陷入種種的矛盾，對於資本的一定的生產力，他們不能不認可。證明蒲魯東是怎樣深刻地被資產階級的思想方法所俘虜，是他把關於這種資本的生產力的口吻，並不能將其變成爲自己更漂亮的東西。所謂「資本的生產力」不外是能夠取得工資勞動者的無償勞動而依附在資本上的特性。（在今日的社會關係下，要沒有它，也就沒有資本。）這是我們開始就知道了的。

可是，蒲魯東不承認「資本的生產力」，正相反，由於認爲在其中侵害了「永遠的正義」，把自己和資產階級的經濟學者區別了開來。說它是妨害勞動者取得他的勞動的全收益的東西。因此，非廢止它不行。怎樣下手呢？用強制法使利息比率低下，至而使之歸於零。到那個時候，在我們的蒲魯東主義者看來，資本的生產性就完結了。

貸出貨幣資本的利息，單只不過是利潤的一部份。利潤無論在工業資本上或商業資本上，僅僅不過是在無償勞動的形態上，由資本家階級從勞動階級掠奪來的剩餘價值的一部份。決定利息比率的經濟法則和決定剩餘價值率的法則相互獨立的情形，是和同一社會形態的諸法則之一般地得到無關係的存在是相同的情形。然而在各個資本家之間，關於分配這種剩餘價值，對於具有其他的資本家所放出的巨額的資本的那種事業的工業家及商人，只要其他情況是相同的，隨着利息比率的低下，利潤率則以與此相同的比率，昂騰起來了，這再明白沒有。所以將利息比率抑低，逐而廢止了「資本的生產力」的辦法，決不能統制了所謂「資本的生產力」，相反的，它只不過是把那由勞動階級掠奪了無償剩餘價值的各資本家之間的分配用另一種方法統制了而已。因之，對於工業資本家說來，它並沒有確保了勞動者利益；對於利息生活者，它是確保了工業資本家的利益的東西。

蒲魯東從他的法律的立場，把利息比率像一切經濟事實那樣，不根據社會生產諸條件，却根據這些社會生產諸條件得到一般表現的國家法律來說明。若是由這個全然不承認國家法律與社會生產諸條件之間的關係的立場來看，這個國家的法律必然是一種純粹的任意的命令，不論在什麼時候，它都可以被和它正相反對的東西所代替。所以，在蒲魯東說來，只要他有了實行的權力，像頒佈必須把利息比率抑低至一分的勅令是再輕易沒有的。但是，假如一切其他的社會事情依舊像從前一樣，這個蒲魯東的勅令，實在也不過是一紙空文的存在罷了。利息的比率，不管一切的勅令，依然是根據今日所遵守的經濟法則而制定。有信用的人們，依據事情的情況，仍需以往日二、三、四分以上的比率，才能借到金錢。只有一點不同：利息生活者充分注意，只借錢給不會引起訴訟的人。並且，這種奪取資本的生產力的偉大計劃是和高利法一樣完全古舊的。這種高利法的目的所在，實際就是要限制利息，現在不論在什麼地方，却都被廢止了。至於它在實際上為什麼常被破壞或逃免，那是因為國家對於社會生產的諸法則，不能不承認它的無力量。而且，重新制定這種行不通的中世紀法律，難道一定能「制御資本的生產力」嗎？愈是這樣仔細地把蒲魯東主義予以研究，就愈益判明了它的更深的反動性。

而且，像這樣的方法：使利息比率抑低至零時，資本的利息，就被廢止了，「在資本的償却上，就不必支付必要的勞動以外的任何東西了」。這應該是意味着：和利息比率廢止的同時，還要廢止利潤甚至剩餘價值。可是，根據勅令來廢止利息當然的結果，在事實上是可能的嗎？利息生活者的階級，因為無意於將他的資本以預借的形態借出去，反而使他可以依照自己的打算把資本投資於自己的或者合股經營的工業中了。因此資本家從勞動階級所掠奪的剩餘價值的分量依然如故，僅僅是宅的分配被變更了。所以這個辦法是毫無意義的。

就是在現在資產階級社會的商品購買中，平均地說，所支付的恰巧是「在資本的償却上（應該讀爲：在一定商品的生產上）所必要的勞動」，這一情況，我們的蒲魯東主義者在事實上却忽略了。勞動是一切商品價值的規準，在今日的社會上，——要是將市場的變動不管——就全體的平均上說，除了在製造上必需的勞動以外，對商品支付額外勞動是完全不可能的。不是，不是，親愛的蒲魯東主義者啊，困難是在別的地方。即：「在資本的償却上（這是借用你的混亂的表現方法）所必要的勞動」並沒有全部支付，這一點，才是困難的所在。這是怎麼發生的，你一參照馬克思的學說（資本論一二八——一六〇頁）就可了解。

僅此還不能滿足。資本的利息要是被廢止了，那麼隨着房租也就被廢止了。因爲「和一切其他的生產物同樣，房屋和住宅自然也都要包含在這個法律範圍之內。」這和下邊那樣把他的一個一年志願兵叫來的老少佐的精神完全一樣：「喂，你說你是一位Doctor，那麼時時來我這裏走走，因爲我有一個老婆和七個孩子，說不定隨時要看看毛病。」

一年志願兵：「少佐老爺，不過，我是哲學的Doctor。」

少佐：「這反正一樣。膏藥箱總歸是膏藥箱。」

我們的蒲魯東主義者，也是這個樣子。他以爲房租和利息都是一樣的。利息就是利息，膏藥箱就是膏藥箱。——賃貸價格卽一般所說的賃貸利息，是由(一)一部份是地租；(二)一部份是包含建築企業家的利潤在內的建築資本的利息；(三)一部份是修繕及保險費用；(四)一部份是包含了利潤的以房屋的漸次的消耗爲比例的建築資本的年賦支付金——所構成的，已如前述。

在這裏，下面的情形，甚至瞎子也明白的：「宅的所有者，首先，可就得出賣他的房屋了，倘若不這樣，因爲他的房屋簡直成了無用之物，投注在房屋上的資本可惜也變成了無用。」這是不用說的：要是廢止了借貸資本的利息，在房屋所有者說來，他的房屋便不能受取一文了，這只是因爲房租產生了賃貸利息，而賃貸利息不過是包括在實際的資本利息中的一部份。膏藥箱依然是膏藥箱。關於普通的資本利息的高利法，僅僅由於逃避法網，既被認爲無效的東西，可是却一點也沒碰到對於房租的規定。只有蒲魯東會作如此想：他的新高利法，不僅將輕而易舉地規定和漸漸廢止單純的資本利息，而且也將規定和漸漸廢止對於住宅的複雜的賃貸利息。然而要是這樣的話，爲什麼這種「簡直無用的房屋」，却必須要以高價從它的所有者那裏買來呢？再則，爲什麼在像這樣的情況下，房屋所有者，對於這種「簡直無用的房屋」，只要不再花費修繕費就好，爲了把房屋脫手，他不去花錢呢？這眞是毫不明白了。

在這種比較高度的社會主義的領域中有過勝利業績之後（蒲魯東先生把這名之爲超社會主義），我們的蒲魯東主義者，認爲還要作更高一層的飛翔：「因之，對於我們的有意義的問題，爲了從種種方面都要給以完全的光明，還要再作二三推論，這在現在已然成了必要的。」然而這個推論是什麼呢？那就像住宅之成了無價値的事物，並不能由利息比率推論出來一樣，它們也不能從前述的事物上推論出來，要是翻開我們作者的華麗的莊重的口吻的底層來看，那不過是爲了賃貸住宅的償却事業有更好的進行起見，切望着所謂下列各端：(一)關於這個問題的精密的統計；(二)優良的保健警察；(三)能保證新房屋的勞動者之建築組合。——所有這一切種種，誠然是美麗的，很好的，然而，這又是一切的戲法家的言辭中所包括的東西；它們對於蒲魯東思想的混亂和黑暗，全然沒有賜給什麼「完全的光明」。

完成了這樣偉大事業的人，現在對於德國的勞動者，就有了一種眞正的警告權利：「像這樣的問題和類似的問題，我以爲是値得社會民主主義者注意的……希望社會民主主義者，把和這個住宅問題同樣關係重要的問題，如信用、國債、私債、租稅等，也搞淸楚。」

在這裏，我們的蒲魯東主義者向我們約定了關於「類似的問題」一連串的論文。而且，他要是像現在的「有意義的問題」那樣的，詳盡地把它們論一下，民衆國家在一年間絕對不會鬧穡荒了。不過，這是我們可以預料到的。——一切是要照老樣子論敘的：廢止資本的利息。和這同時，對於國家債務及私人債務應該支付的利息都將去消了，信用也將變成免費的了，等等。和這同樣的符咒可以適用在任何對象上。而且在一切場合中，這種驚人的結論：在資本的利息被廢止了的場合，人借的錢，可以不必再支付任何利息了，都會有嚴峻的理論引證的。

另外，我們的蒲魯東主義者，脅逼着我們的，還有頂好的問題。那就是信用。除了一星期一星期的信用，和當舖的信用以外，勞動者還需要來什麼信用呢？對於勞動者，免費或是加利息，或者甚至去貸什麼當鋪的高利，這一切對於他，到底有什麼差異呢？一般的說來，卽使說勞動者因此受到利益，也就是說，卽使勞動力的生產費便宜了，然而勞動力的價格竟不會下落嗎？對於資產階級，尤其是對於小資產階級，信用是一個重要的問題。尤其是對於小資產階級，要是隨時都能得到信用，而且不必再付利息，自然是他們所感激的。「國債」！勞動階級明白這不是他們借的債，要是一旦他們掌握了權力，他們就可以叫借那些國債的人來償還。私債！這可參看信用一項。租稅！這是對資產階級有甚大的利害關係，對無產階級幾乎無關的事情：勞動者所支付的租稅，是在長期間，歸入勞動力的生產費之中，因之，必須由資本家來補償。這裏作爲勞動者之非常重要的問題而提出的各點，事實上祇是對資產階級尤其是對小資產階級，具有本質上的利害關係；而且，我們和蒲魯東相反，我們的主張是：勞動階級必須認識這種階級的利益，這裏沒有他的一點責任。

與勞動者有事實關係的大問題，關於資本家和工資勞動者之間的問題，卽關於資本家從他的勞動者的勞動使自己致富是怎樣進行的大問題，我們的蒲魯東主義者毫無表示。他們的先師，無論如何是研究過這些問題，雖然沒有達到任何明瞭的結論。而且他的最近的著述，在本質上，仍然超越不過一八四七年馬克思所批判爲毫無價値的貧困的哲學的範圍。

拉丁語系的勞動者，二十五年以來，除了這些「第二帝國社會主義者」的著作以外，可謂毫無其他的社會主義的精神食糧，本來已不幸極了。而現在蒲魯東的理論，又非要侵入德國不可，這尤其不幸。然而，對於這一點早已用不着顧慮了。德國勞動者的理論立場要比蒲魯東的理論進步五十年。因之，爲了避免關於這一方面的麻煩，只舉住宅問題這個實例，已經很夠了！

第二編　資產階級是怎樣解決住宅問題的？

一

關於小資產階級在住宅問題上有着如何的直接利害關係，在處理住宅問題之蒲魯東的解決的第一編中，已有所敍。可是大資產階級也在這個問題上有着雖然是間接的然而是顯著的利害關係。近代的自然科學證明了：勞動者的密集混雜的所謂「不良地域」是時時襲擊都市的傳染病的發源地。霍亂、傷寒、痢疾、天花及其他的流行病症，在這種勞動者街市的充滿病毒的空氣和腐水中傳播着它們的病菌。這種病菌並未在這裏死滅，周圍的狀況一許可，立即造成了流行病，越過它的發生地，順着風勢，侵入了健康的資本家老爺們所住的街市方面來了。資本家老爺們所安排的使流行病只能在勞動者之間發生的不受罪的享樂，並不能如願以償；那結果是資本家自身也傳染上了。死神在資本家之間和勞動者之都無軒輊地猖獗着。

這種情形一經被科學地確證後，人道的資產階級曾為了他們的勞動者的健康狂熱於高尚的競爭之中。為了根絕時常發生的流行病的根源，設立學會、著作書籍、提案計劃、議論和頒佈法律；調查勞動者的住宅狀態，製定了救助最惡狀態的計劃。尤其是在有着許多大都市，因而使大資產階級有焦眉之急的英國，曾開始了偉大的活動，任命了調查勞動階級的健康狀態的政府委員；他們的報告書之精細、完全、公平，遠比大陸諸國在此事上優良，而且對於較為徹底的新法律多少提供了基礎。這些法律雖然也並不完整，但較之大陸諸國在這方面至今的成就是無限優越的。可是，資本家的社會秩序，使這種作為問題的惡害的救濟，常常是必然地再生不已的，就連英國，這種救濟也可說並未能邁進一步。

可是在德國總是這樣的：這種時時引起的流行病的源泉，要使酣睡的大資產階級驚醒，一定要發展到必要程度的緊急狀態才行，而這是需要相當時間的。不過，走的慢的，也就走的穩。於是在德國也出現了關於一般的健康及住宅問題的資產階級的文獻，雖然這些從外國即英國的先知先覺者抄來的內容貧弱的拔萃，都是調子很高、辭句莊嚴、裝做一幅深深理解的樣子用以欺人的東西。沙克斯博士的勞動者階級的住宅狀態及其改良，一八六九年在維也納刊行的，就是屬於這一類的文獻。

爲了說明資產階級處理住宅問題的方法，我選擇了這本書。因爲無論如何，這本書是企圖把所有資產階級關於這個問題的文獻都要包羅進去的；而且著者用爲「參考書」的，都是極出色的文獻。事實上在算是主要參考書的英國議會的報告內，他不過僅僅列舉了最爲陳舊的三種的名字，他的著作的全體證明：這個著者連其中的一種都沒有看過。相反的，他拿出來的，是許多腐敗的資產階級的大言不慚的、市井無賴的、假慈假悲的著述。佚塞布的湛、羅伯特、赫爾、休巴、英國社會科學（這只算是饒舌）會議的議事錄、普魯士勞動者福利協會雜誌、巴黎世界博覽會的奧國政府的報告、世界博覽會保拿巴脫政府的報告、插圖倫敦新聞、內外、最後則是有着「被承認的權威」、「實際理解的明敏」、「文章的徹底使人心服」的那種人物，即猶利斯·菲卻！這個參考書目中所缺乏的只有兒童雜誌柯定·羅比和滑稽雜誌克拉達大其以及法吉里昂·克吉克了。

雖然，爲了不使對沙克斯先生的立場有任何誤解，他在二十二頁加以說明道：「我們將國民經濟學應用到社會問題的科學名之爲社會經濟學。詳言之，它是在現在處於統治地位的社會組織的範圍內成爲『鐵則』的基礎上，把所謂(！)無產階級提高到有產階級的水準，用經濟學的原理對我們提供了一切的手段和方法。」我們並不要深加檢討「國民經濟學」即經濟學是一般地處理「社會的」問題以外的問題的這種混亂的思想。我們要向重要點直入。沙克斯博士所要求的是資產階級經濟的鐵則即在「現在處於統治地位的社會組織內」的鐵則。換言之，就是要在不變更資本主義生產方法的基礎上，必須將「所謂無產階級」提高到「有產階級的水準。」

可是，並不是「所謂」，而是確有無產階級存在這一事實，也就是說：因爲他們除了勞動力以外便一無可賣之故，把他們的這種勞動力被強制地賣與工業的資本家這一事實，就是資本主義的生產方法上不可或缺的前提。然而由沙克斯先生所發明的社會經濟學的新科學的任務存在着下列之點：在一方面，是一切原料、生產手段、生活資料的所有者的資本家，另一方面，是除卻自己的勞動力以外便一無所有的工資勞動者，在這兩者的對立之上所建築的社會狀態的內部，並不是如何廢止工資勞動者，而是怎樣才能把一切工資勞動者轉化爲資本家的手段及方法的發明。沙克斯先生以爲把這個問題解決了。然而沙克斯先生親切地指示給我們的，有如在往昔的拿破崙時代，使背囊裏裝着元帥杖的法國軍隊的所有兵卒，不停止他們的普通兵卒的身份，而又要使他們如何纔能變成元帥；還有，他指示給我們的有如怎樣才能把四千萬的德意志帝國的臣民都變成德意志的皇帝！

一方面要把現今社會的一切惡害的基礎原封不動的維持下去，一方面又要把這個惡害廢止，這就是一切資產階級的社會主義的本質。資產階級的社會主義者，已然如共產黨宣言所指摘的，欲「為了確保資產階級社會的存在，而思矯正社會的惡害」；他們想要「不要無產階級而要資產階級」。我們看到沙克斯先生正是這樣致慮問題的。他在住宅問題的解決中找到了解決。所謂「由於勞動階級的住宅改良，使前述的心身的窮乏顯然地得到救濟，其價值所在——即因了單是住宅狀態的廣大的改良——是把這個階級的大部份從顯然失掉人的價值的生存的墮落提拔到物質的及精神的純粹健康狀態」，就是他的意見（十四頁）。附帶說明：資產階級的利益，是掩飾由資產階級的生產關係所形成而且制約它的存在的無產階級的存在。所以沙克斯先生在二十一頁上將勞動階級解釋為真實的勞動者以外還包括有一切的無資力社會階級，即手工業者、寡婦、年金生活者（！）下級官吏等等窮人。資產階級社會主義和小資產階級社會主義提攜了。

可是，住宅恐慌是從那裏來的呢？怎麼發生的呢？作為善良的資產階級的沙克斯先生，是連住宅恐慌是資產階級的社會形態的必然產物這回事都不知道的。勞動大衆，在單是以工資，卽他們的生活和生殖之必要的生活資料之總額來營生活的社會裏，而不發生住宅恐慌的問題，那是不可能的。由於機械等的新的改良，使勞動大衆失業；在激烈地和有規律地不斷發生的工業變動中，一方面，必然有沒有工作的勞動者的多數的預備軍之存在，另一方面，時時有失業的勞動者的大軍被驅逐到街頭；勞動者大舉密集於大都會，在現實的條件下，較之爲他們所存在的住宅，他們的數量激急地增加着；以致連最爲可厭的豬窩那樣的小屋，也必然可以找到有人租住；最後以致住屋所有者，在他的資本家的性質上，從他的住屋取得法外的最高的賃貸價格，不僅是他的權利，而且還托了這種競爭的福，在某種程度上這也是他的義務。像這樣的社會，必然要發生住宅恐慌問題，這是作爲善良的資產階級的沙克斯先生所不知道的。有着這樣的社會，住宅恐慌是决非偶然的。這是必然的制度。只有把使發生住宅恐慌的整個社會組織加以根本的變革之時，它才能和其他與健康上有影響的東西同時除掉。然而資產階級社會主義不知道這個。資產階級社會主義不敢從這裏出發說明住宅恐慌。在資產階級社會主義說來，這個問題是從人類的惡根性而來，即從原罪出發用道德的言辭說明外，便沒有可說的了。

「因此，這種罪……一部份是在勞動者自身，即存在於渴求住宅者的身上，另外，大部份應歸罪於負責滿足這種慾望的人，或者是雖有必要的資金，可是對此不加聞問的人，即應看做是所有上層階級的負咎。——這是否定不了的。（好大膽的結論！）後者所負的罪……就在於他們對於好的住宅的充分供應因為漠不關心而不投資這一點上。」

像蒲魯東把我們從經濟學拉到法律學上一樣，資產階級的社會主義者把我們從經濟學扯到道德上去。這是理所當然。對於資本主義生產方法，即現今的資產階級的社會的「鐵則」認為是凜然不可侵犯的，可是卻又對它的可厭而又必然的結果欲謀廢止，這樣的人，除過對資本家，作道德的說教外，別無他法。這種道德的說教所感動的結果，一定立刻又因爲私利，必要的時候，因爲競爭，而煙消雲散了。這種道德的說教，一似站在池邊看着自已孵出來的小鴨在愉快地浮水的母鴨的情形。小鴨雖然沒有橋，卻在水上游；資本家雖然沒有感情，卻爲了利潤盲進。古之漢桑商人嘗云：「買賣無人情」。他是較之沙克斯先生對此中道理還更明白一層的。

「優美之住宅，因價値甚高，勞動者之大部份，使用它是全然不可能的。大資本……躊躇於向勞動階級的住宅伸手。……因之，有着這種住宅需要的階級之最大部份，成了投機的犧牲。」可憎的投機——大資本當然決不作投機的！而這個大資本之所以不投機於勞動者住宅，並無惡意，只不過是無知而已。「房屋所有者，對于住宅需要的正常充足是演着如何重大的任務，全然不知。他們像他們普通那樣提供着無責任的、粗惡的、有害的住宅的時候，他們全不知道人們在幹些什麼。而在最後，因此以致他們自己如何自害了本身，他們也不知道。」（二七頁）

然而，爲了對於勞動者之發生住宅恐慌，資本家的無知和勞動者的無知都被當作必要的。沙克斯先生在認爲勞動者的「最下層」，「爲了避免全然無宿，不論在什麽地方祇求一宿而總不可得，他們在這一點上的完全無力。」這之後，沙克斯先生像下面那樣告訴我們：「而且，由於大多數的勞動者如此之輕率，毋寧說主要是由於無知，他們對於合理的保健方法，特別在這一點上，一點也不知道住宅之有着重大的意義，他們的身體的自然發達和健康生活的條件，巧妙地失去的情形，是週知的事實。」（二七頁）

但是在這裏卻暴露了資產階級的愚劣。就資本家說來，說這種「罪」是無知就完了，可是就勞動者說，無知不過是對於罪惡的一種刺激物而已。所謂「勞動者只要能多少節省一點租金，便會住在陰暗的、潮濕的、不夠用的、總之是完全輕視衛生要求的住宅。……而且甚至好幾家共同租賃一個住宅或甚至住一間屋子。要之，在住宅方面則儘量的節省。然而他們對於飲酒及一切放縱的享樂，卻以眞正是有害的方法浪費其收入，這是他們無知的結果」。勞動者把錢「消耗在煙酒之中」（二八頁）的酒館生活和相伴而來的，這些東西是像鉛錘似的把勞動者階級拖入泥沼之中，這對於沙克斯先生是無法忍耐的不快。在現在這樣的狀態下，勞動者之間的飲酒癖，是他們的生活狀態的必然的產物，正和傷寒、犯罪、害蟲、法官及其他的社會的疾患之成爲必然的產物一樣。正因爲它是必然的，預先將陷入飲酒癖者的平均數都可以計算出來，這自然是沙克斯先生不知道的。而且，我從前的小學老師說過：「平民跑下等酒館，富貴的上俱樂部。」因爲我這兩種地方我都跑過，所以了解它的正確。

關於兩者「無知」的一切饒舌，結局不外是資本家和勞動者的利益調和的舊調重彈。資本家要明白了他的眞實的利益，他們供給了勞動者優良的住宅，那麽住宅就一般地改善了；而勞動者要理解了他的眞的利益，他們就不會罷工了，不從事社會民主主義的運動了，不以政論來鬥爭了，本本分分地服從他們的上司資本家去了。然而遺憾的是：兩者的利益，和沙克斯及他的無數的先驅者的說教有着完全相異的地方。關於調和勞資之間的福音，五十年來就刺刺不休了，資產階級的博愛家，因實施這種調和起見，在模範施設上，已然花費了巨額的金錢。然而，正和所看見的後果一樣，現在我們和五十年前完全沒有什麽不同。

在這裏，我們的著者在着手實際解決問題了。蒲魯東的使勞動者變爲他的住宅的所有者的提案，是如何的不革命，因資產階級社會主義早在他以前就在實際上試行這個提案，而且現在仍在試行，不難明白。沙克斯先生也說明了：住宅問題，僅由於將住宅的所有權移給勞動者，就必然可以完全解決（五八頁及五九頁）。不僅此也，他的這種思考變成了夢中的詩的感興，揮舞着下面這樣感激的雄辯：

「深深橫在人心之中的對於土地所有的憧憬，是一種特殊的東西。它是一種本能，現代繼續激烈活動的經濟生活，也不能使它減弱。它是對於這種土地所有給予經濟上的業績的義意的一種無意識的感情。人由於土地所有，與得到了確固的根據的同時，他才在土地上生了根。而且一切的經濟（！），在土地所有中，有着永久的基礎。不過，土地所有的祝福力，是使生產物質利益以上的利益的土地得成爲名之爲自己的東西的幸福者，達到了想像所及的經濟獨立的最高階段。他作爲主權者，有了可以支配、管理的領域。他是自己的主人，他有了一定的力量，而且在困難的時候，有着確實的後盾。它在增加了他的自覺的同時，也增加了他的道德力。因此，在這個問題上的所有權的意義，是深刻的。對於現在景氣的變動，無力的、永遠是隸屬於雇主的勞動者，依靠土地所有，在某種程度上，也可以從這種不安的狀態脫開；他變成了資本家，遇有失業或不能勞動的危險時，因土地所有的結果，由於造成他的自由的土地信用，而使他安全了。他因此由無產階級升高到有產階級。」(六三頁)

沙克斯先生是像這樣假定人類原來都是農民的；否則他就不能有這樣任意決定的理由：在現代大都市的勞動者間，誰也不會發現他們竟對土地的所有懷着這樣的熱望。對於現代大都市的勞動者，移動的自由是生活的第一條件，土地所有等等，在他們說來，不過是一種桎梏而已。給與他們以個人的房屋，是再度地把他們束縛在土地上，閣下的這一手，是破壞了工廠老闆減低工資時的勞動者的反抗力。每個勞動者在正式罷工以及一般的工業恐慌的場合和時候，相應着可以出賣他的小房子，可是，臨到了這種局面，因爲屬於勞動者的全體的住屋都非要賣出不行，不是連一個買主也找不到，就是必須以遠較費用價格以下的價錢脫手。而且，即使在大家都可以找到買主的場合，沙克斯先生的全部偉大的住宅改良計劃也將化爲泡影，他就非重新再來一回不可了。可是，詩人是住在空想的世界的。我們的沙克斯先生正是這樣。他是這樣的空想着的：土地所有者，是「達到了經濟獨立之最高階段」，他有着「確實後盾」，變成了資本家；而且，對於失業及不能勞動的危險，由於土地所有的結果，造成他的自由的土地信用，將使他得到安全。我想沙克斯先生未必會想到法國的小農及德國萊茵地方的小農情形。他們的住屋及耕地都抵押出去了，他們的收穫在收割前就屬於債權人了，主權地支配他們的「領域」的並不是他們，相反地，是律師，是法官。這也不消說：對於高利貸說來，在經濟獨立的意義上，是想像所及的最高階段。而且，好心眼的沙克斯先生，爲了使勞動者越快越好地把他們的小房子拿去放在高利貸的同樣支配下，用意很周到地，對勞動者在失業或無法勞動時，代替了救濟貧民的麻煩，指示了可以利用成爲他們的自由的土地信用。

沙克斯先生好歹把他最初提出的問題解決了：即勞動者由於獲得了他自己的房屋，就「變成了資本家」。

資本，對他人的無償勞動，是具有支配權的。所以，勞動者的小房子，僅在他將這個小房子以租賃的形態租給第三者，與取得第三者的勞動生產物的一部份時，才成爲資本。在他自己住在這個小房子的場合，這個小房子是妨礙他構成資本的；這正如我從裁縫店買來外衣穿用；從這穿用的瞬間起，它就停止了資本的作用相同。至於有價值千元的小房子的勞動者，不消說，原來就不是無產階級；可是，稱呼他爲資本家的，只有沙克斯先生。

我們勞動者的資本家的情形，還有另外的一方面。我們這麼假定罷：在一定的工業區域，所有的勞動者一般都是他們自已的住屋的所有者。在這個場合，這個地域的勞動階級，因爲可以免費居住，住宅的費用，便不再算入他們的勞動力價值之內。可是，一切勞動力生產費的減低價値，卽勞動者的生活必需品價格之繼續的下落，「依據國民經濟學的鐵則」，等於勞動力價値的跌下，因此，結果工資相互照應地跟着下落。卽工資平均的下落額和節約的房租的平均額相適應。卽勞動者對於他自已的房屋也要付房租，不過並非像從前那樣，將房租以貨幣的形式付給房東，而是以無償的勞動形式付給他們的工廠老闆了。以這樣的方法，投資於小房子的勞動者的積蓄，在某種程度上當然變成了資本，——但不是成了勞動者的資本，而是成了僱傭他的資本家的資本。

因之，沙克斯先生，就這在紙面上，他的將勞動者轉化爲資本家的辦法，一次也不能成功。

順便說一句：以上所述的勞動者的節約以及生活資料的低價，歸結到所謂社會改良上，也可以適用。要是這個辦法成爲普遍的，接着引起來的情形，就是與此相應的工資的降低，要是這種辦法僅只是個別的實驗，在這個場合，作爲個別例外的它的單獨的存在，便證明了：它的普遍地實行和現存的資本主義的生產方法是不符合的。我們假定在某一個地方，由於消費合作之普遍地採用，竟把勞動者的生活資料便宜了二成。在這個場合，終久那個地方的工資就非降低近二成不可。即生活資料一定要依照着勞動者維持生活所需的程度而下落。舉例來說：若是勞動者平均要把他的每週工資的四分之三爲了生活資料而支出，工資在結局是$\frac{3}{4}\times 20=15$，即下落了一成五分。要之，像這樣的節約改良，若是普遍地施行了，勞動者因了節約便可以便宜生活，僅是要依照生活的程度，來取得減少的工資。假定使一切勞動者節約了五十二元獨立收入，那麼結果，他的每週工資，就非降低一元不可。因之他愈是額外地節約，他所得的工資就愈少。所以他並非是爲了他自己本身的利益，反之，是爲了資本家的利益而節約的。勞動者必須「將第一義的作爲經濟道德的節約心……最爲強烈的喚起」（六四頁）的那種要求，不是爲了資本家的利益是什麼！

另外，沙克斯先生緊接着又說：必須使勞動者變爲住屋所有者，這卽不是爲了他（勞動者）自身的利益，也不是爲了資本家的利益：「其實，我們應把它看做並不是勞動階級的利益，而是全體社會的絕大多數成員之和土地相結合（！）的這種最高的利益。（我願意看一次沙克斯先生的這種盛氣的表情。）……在我們足下的、被稱爲所謂社會問題的、在灼熱的噴火山燃燒着的一切祕密的力量，卽無產階級的苦惱、憎惡、——危險的混亂思想——這些東西，在以前述的方法，勞動者自行轉移爲有產階級的場合，就要像朝日之前的霧氣一樣的消失了。」（六五頁）換言之，沙克斯先生的希望所在是：獲得住屋的勞動者，由於其無產階級地位的移動，他們就要喪失了無產階級的特質，他們就要像他們的房屋所有者的祖先一樣變成順從而卑屈。蒲魯東主義者，恐怕就是牢記着這個的罷！

沙克斯先生以此爲據，自信是把社會問題解決了。「財產的比較公正的分配；已然使許多打算解决它的人無功而去，這種難解的謎，現在，作爲看到的事實，它不是在我們面前擺着嗎？這樣，不是把它由理想的領域移到現實的世界來了嗎？而且要是這種辦法被實現了，那就連有着最爲極端的傾向的社會主義者，不是也因此將達到了在他最高的理論上的、最高目的之一嗎？」（六六頁）

我們一直繼續研究到這裏，眞是幸福。因爲這種歡聲，正造成了沙克斯先生的著述的「最高峯」。不過，以後却慢慢地走向下坡路了。即要從「理想的領域」走到平板的現實。我們要是到了山下的話，我們將發現：在我們不在的時間內，下邊幾乎一點也沒有，絕對地沒有任何變化的東西！

我們行路的指南，就是勞動者的住宅存在着兩種組織這一情形，我們依據教諭，開始了下山的第一步。即：對于一切勞動者家族，有像英國那樣的、最好還附有小花園的那種格式的小住宅，和像巴黎、維也納等處那樣的，包含着多數勞動者住宅的那種兵營式的建築；在這兩者中間的一種形式，就是在德國北部等地所流行的一種形式。而實際上只有小住宅式是勞動者對他的家族，能以之獲得財產權的正當的唯一的組織。兵營式對於健康、道德及家庭的和平有着甚大的不便。遺憾的是：小住宅式在成了住宅恐慌的中心點的大都市，因爲地價暴騰，不能實行；在大都市代替兵營式建築，或是建築有着四家到六家的住宅的房屋，或是依着種種的建築技術把兵營式的主要的缺點，加以改正，那仍不失爲是可喜的。（七一——九二頁）

我們不是已經下來不少了嗎？勞動者轉化爲資本家，社會問題的解決，一切勞動者都有屬於他自己的家——所有這一切，還停留在「理想的領域」。而我們還尙待要研究的是：僅僅在農村要採用小住宅式，在都市要建築使勞動者能夠儘量忍受的那種大住宅這一點。

所以，資產階級的解決住宅問題，是顯然失敗了。它失敗於都市和農村的對立上面。而這裏，我們才達到了問題的核心。由於今日的資本主義社會而達到了頂點的都市及農村的對立的廢止，必須要在使社會可以被充分變革的時候，這個時候一開始，住宅問題便必然可以解決。資本主義的社會，豈能廢除這種對立，它是反而使這種對立繼續更形激化的。與它相反，最初的近代空想的社會主義者歐文及傅立葉對於這一情形則已經有了正確的認識。在他們的模範組織中，都市和農村的對立一開始就不存在。因此，這裏存在着和沙克斯先生的主張反對的東西。就是說，住宅問題的解決，並非同時就能解決了社會問題，而是由於社會問題的解決，即由於資本主義生產方法的廢止，同時才能達到解決住宅問題的可能。解決住宅問題而要把近代大都市原封不動，那是矛盾的。然而，近代的大都市，由于廢止資本主義生產方法，方才可以克服。而且，這個辦法要是一將實行，所謂供應所有勞動者以屬於他自己的房屋這事，就全然成了別類的事項了。

然而，一切的社會革命，首先必須接收原有的事物，而把最爲迫切的惡害，用現有的手段，予以矯正。而住宅恐慌，由于將屬於有產階級的奢侈住宅的一部份予以收奪，同時將另外一部分分配作爲宿舍，馬上就可以解決，這原是我們早就知道了的。

在沙克斯先生的議論中，鼓其如簧之舌，又談到離開大都市，在其近傍應當設立勞動者的聚落。他將這種聚落的美點這樣說着：「備有共同公用水源、煤氣燈、熱氣或溫湯暖房、洗衣場、晒衣場、浴室等及託兒所、學校、祈禱室（！）、讀書室、圖書館、……酒館及啤酒店、考究的跳舞場及音樂室」，每家都供給蒸氣力，這樣一來，可以使得「生產到一定程度就從工廠又回到家庭的工作場。」——所有這些，是決然於事無補的。他所描寫的聚落，是由佈巳先生直接從社會主義者歐文和傅利葉那裏抄來的，僅僅是將一切社會主義的成份加以剝去，使之資產階級化了而已。可是，它正是因此才成了烏托邦式的。關於建設這樣的聚落，資本家是毫無興趣的。而這樣的東西，實際上除過在法國的居伊茲以外，全世界都找不出。這個聚落，也並非發財的投機，而是作爲社會主義的實驗由一個傅利葉主義者所建設的（註）。同樣的，沙克斯先生也可以把四十年代初間由歐文在哈馬西亞所建設的已然沒落了的共產主義的聚落「哈馬尼公會所」，爲了他的資產階級的計劃而引證的。

不管怎樣，關於聚落的這些饒舌，不過是想再度高飛到「理想的領域」的一種可笑的嘗試，而且馬上又完蛋了。不過，我們却又暢快地下山了。而最爲簡單的解決，則是：「雇主、工廠老闆爲了適合於勞動者的住宅，可自行建築這種住宅，或者由他們，以准許勞動者使用土地、預先借貸建築資本等辦法，對於勞動者的建築事業獎勵保護之以援助勞動者。」（一〇六頁）這裏，我們又從對此類事情無從談

（註）它結果也不過變成了榨取勞動者的本部。參看巴黎的社會主義者，一八八六年刊行的部份。——恩氏原註。

· 63 ·

起的大都市走回農村。沙克斯先生，在這裏證明了：在援助他們的勞動者而給以合適的住宅的辦法上，也有着工廠老闆的利益。即：一方面，這是有利可圖的投資；另一方面，由此所生的勞動者的必然地上進，……當然，它一定會跟來對於屋主也同樣有利益的勞動力的肉體的及精神的上進。這樣一來，屋主也就得到了在干與住宅問題上的正確見地。這種干與，主要的，是對於勞動者的肉體的及經濟的、精神的及道德的幸福，作爲被隱藏着的聯合，換言之，在努力於人道的衣着之下，作爲隱藏着的屋主的顧慮的暴露而被顯露出來的。而且，以此養成了勤勉而熟練的、順從而滿足的、忠實的勞動者，拉攏他們，掌握他們，因此而很自然地得到了所化費的代價。（一〇九頁）

休巴在資產階級的囈語上所加的「高尙意味」的所謂「隱藏着的聯合」這個辭句，對任何事實都毫無所改變。用不到用這個辭句，英國的大農村的工廠老闆，老早已把勞動者住宅的設施，不僅單是看做一種必要、單是自己工廠的一部份而已，而且洞察到這是能得到很大的收益的東西。在英國，用這種方法，成立了整個村落，其中有許多，後來都發達成了都市。可是勞動者對於人道的資本家並不感謝，從那時以來，對於「小屋制」，形成了極爲顯著的反對。因爲工廠老闆沒有競爭者，不僅要勞動者對於他的住屋必須以獨佔的價格來支付，在所有勞動者罷工的場合，由于工廠老闆可以把勞動者逐出戶外，奪去他們的寄宿之所，因之，使一切反抗都變爲困難。關於詳情，希望參照拙著英國的勞動者階級的狀態二二四頁至二二八頁。可是，沙克斯先生對此，主張是「不值得反駁的東西。」（二一一頁）那麼，他不是也沒有把小住宅的所有權給予勞動者嗎？當然是的。可是，「雇主在解雇一個勞動者之際，爲了使他的代替人有所居住，所以雇主對於住宅，必須隨時能夠居於自由支配的地位上。」這裏，他「對於此種場合，根據可以撤回所有權的事先協定，就應該只好割棄了。」（一一三頁）（註）

這次是意外地早早的下來了。最初是說，勞動者對於小住宅有所有權；接着又說，它在都市不可能，祇有在農村才可能；這次則連在農村的這種所有權，也予以說明說：是應該「根據協定，可以撤回的東西」了！仰仗了這位沙克斯先生對於勞動者新發現的所有權的種類，和勞動者轉化為「根據協定可以撤回」的資本家，才幸好又使我們達到平地了。那麼，資本家和其他的博愛家，在住宅問題的解決上，到底有什麼建樹呢？這就非檢討一下不行了。

（註）還有，在這一點上，英國的資本家不僅滿足了沙克斯先生的心願，而且更超過了它。一八七二年十月十四日星期一，在摩雅比愛斯的法院，為了確定議會的選舉人名簿，對於二千八的礦山勞動者申請把姓名登入名簿，必須要下判決。結果發現了：由于這些人的大部份，依照他們工作的礦山的服務規定，他們所住的小房子，是並非以賃租人身份而住的，而是被准許住在裏面的，因之不必經過任何通知即可被驅出戶外。（至於礦山的所有者，當然祇有一個人。）法官就根據這一點不以這些人為租賃人，而是僕婢，因為是這樣身份的緣故，就認為把他們登記在名簿上是不合法的。（Daily News，一八七二年十月十五日）——恩氏原註。

二

就算我們是信用沙克斯博士的罷，現在他所提供的證明是：從資本家老爺們一邊說來，對於住宅恐慌的救濟，已然成了重要的事情；而且，住宅問題在資本主義的生產方法之基礎上，是可以解決的。沙克斯先生用作宅的例證的，一來就向我們舉出了保拿巴脫治下的法蘭西！如衆所週知：路易。保拿巴脫，在巴黎世界博覽會時代，曾任命了一個委員會，它在表面上，據稱是爲了作關於法國勞動階級的狀況的報告，事實上，却是爲博得他的帝國更大的崇譽，把勞動者的狀況當作眞是天國才有的事物而加以敘述的。沙克斯先生是依據了由保拿巴脫黨人的腐敗機關所作的這個委員會的報告的。特別是由於這個報告的結果，若是依照與此有關的委員自己所說，法國則是較爲完善的！但是它的結果是什麼呢？在報告上所列舉的八十九個大工業家。大工業股份公司中間，有三十一個連一幢勞動者的住宅都沒有建築。就是修建的住宅，若是按照沙克斯先生自己的計算，最大限度只能供五萬人至六萬人住宿。而且這種住宅，對於所有的家族幾乎毫無例外地每一家住宅僅有兩個房間。

自己的工業諸條件——即水力、煤坑的位置、鐵礦石的鐵層、其他的礦山等等——固定於一定的鄉間地方的工業資本家，在沒有住宅的場合，爲了勞動者，必須建設住宅，這是不用說的。在這裏，可以看到「隱藏着的聯合」之存在的證據，可以看到「對於此事及宅的顯著的功果的理解之增加的確證」，以及「許多約束的開端」（一一五頁）。而愈益發達起來的自我欺騙習慣，也是屬於這一類的。再則，各國的工業家，在這個地方，是依照各該國的國民性而有所區別的。例如沙克斯先生在一一七頁中這樣說：「在英國直到最近才能看到。在這一方面雇主的顯著活動，即鄉間的邊僻的小村落正是這樣。……要不是這樣，勞動者雖然經常從最近處來，但到達工場必須走一截遠距離的道路，等他到了工場時，已然疲乏不堪，不能充分工作。這種主要情形，使雇主爲了他們的勞動力，起了建築住宅的動機。像這樣，由於對於事情的深刻的理解，使改良住宅某種程度地和隱藏着的聯合之一切其他要素相結合的人數增加了。以此，那種繁榮的聚落才成立了。……黑德的阿西坦，達當的阿西澄斯，必里的克蘭德，波立東的庫列格，里兹的馬歇爾，比拉培的斯托拉得，塞爾泰的桑爾德，苦不列的阿庫羅德等等，這些名字，在聯合王國，因此而博得了聲譽。」

這是比神聖的素朴更神聖的無知！直到「最近」，英國的農村工廠老闆才開始建設勞動者住宅！錯了，親愛的沙克斯先生。英國的資本家，不僅只是一隻錢袋，而且是用頭腦的實際思想的大工業家。在德國有了眞正的大工業好久以前，他們已然明白了：在農村工廠對於勞動者住宅的出資是一種必要，直接間接都非常有利可圖，是全部投資的一部份。早在俾斯麥和德國資產階級鬥爭時給予德國勞動者以組合自由以前，英國的工廠老闆、礦山、鐵工業的所有者，在他們同時還做着這些勞動者的房東的時候，怎樣才能壓迫各式鬧罷工的勞動者，他們早就有了實際的經驗。庫列格、阿西坦、阿西湼斯的「繁榮的聚落」，早在四十年前，同我在二十八年所敍述的那樣（英國勞動者狀態二二八——二三〇頁註），已經由資產階級奉之爲模範加以自畫自讚，而這竟屬於「最近」的了。馬歇爾和阿庫羅德幾乎同樣古老（有這樣的記載）。比這更古老而其端緒却在前世紀的，則是斯托拉得。而且，英國的勞動者的住宅的平均持續期是四十年，因此，這個「繁榮的聚落」，現在到底到了怎樣傾廢的程度，沙克斯先生是屈指可以算出來的；不僅這樣，這些聚落的大多數，現在早已不算是鄉間了。工業之巨大的發達，把這種聚落的大多數已然用工廠和房屋圍繞起來了。所以，這種聚落今天早已擁塞在有二萬至三萬以及較這還多的居民所住的、骯髒而多煤煙的都市的中央了。現在還把已然完全不適用的一八四〇年的舊英國的讚美歌忠實地予以傳播，這對於沙克斯先生所代表的德國資產階級的科學，是沒有什麼妨礙的。

可是，現在竟有這個老阿庫羅德！這個勇敢的男子，不論怎樣，總算是眞正的博愛家了。他是非常之愛他的勞動者，特別是婦女勞動者，因此，那些不如他那麼博愛的約克夏的競爭者們，竟常常說：阿庫羅德單用他自己實際的孩子經營着他的工廠！雖然如此，沙克斯先生以爲在這些繁榮的聚落內，「私生子是越來越沒有了」（一一八頁）。這是對的。婚姻關係以外的私生子正是這樣。因爲在英國有工廠的地方，美麗的姑娘總是非常早就結婚了。

英國勞動者住宅的建築，都是麕集在一切大農村工廠近傍；宅和工廠一起建築，六十多年以來，已成了常規。如曾經舉出的那樣，許多像這樣的工廠村落，到了後來，就以這裏爲中心而設立了完全是工廠的都市，而成了具有工廠都市所具有的各式各樣的弊害的核心。因之，這種聚落，並不是解決了住宅問題，而是從這個地方開始，製造出來了住宅問題。

與此相反，在大工業的領域中，落在英國後面走着的，而且從一八四八年以來才漸漸學會了大工業到底是怎麼一回事的各國，卽在法國特別是德國，情形是完全不同的。在德國，經過躊躇之後，漸漸有了建築二三個勞動者住宅的決意的，祇有龐大的鐵工所及工廠。例如，像克列蘇的修乃達工廠及愛森的克虜伯工廠。大多數的農村工業家，却要叫他們的勞動者，不管酷暑，不管雨雪，從一早起走好幾里路到工廠，晚上再回到家庭裏來。這種情形尤以山地爲然。舉例來說，法國以及愛爾薩斯地方的佛開森山脈地方以及濕巴、幾克、阿卡阿、里諾以及其他的萊茵——威斯特法林地方的諸河川流域的地方，就是這樣。愛爾茲山地地方，也是如此。這在不論是法國人或德國人那裏，都有着同樣愚不可及的吝嗇。

沙克斯先生是很明白的：極可注目的開端，和繁榮的聚落，完全都是無意義的。在這裏，他現在努力要證明的是對資本家說來由於他們設備勞動者住宅可以獲得如何巨大的利益。換言之：他指示他們如何欺騙勞動者的新方法。

首先，他以倫敦建築公司的幾個實例作爲示例。這種建築公司雖然是半慈善、半投機的性質，但是却能獲得四分乃至六分甚至這以上的純收益。投資於勞動者住宅之資本收益甚大這事，是沒有敬領沙克斯先生初次證明的必要的。然而是什麼緣故，較之原有的這些投資，再沒有更多的投資了呢？這是因爲投資於更高價的住宅，對所有者說來，它所得的收益比較還要大得多。所以沙克斯先生對於資本家的勸告，說來說去，不過仍然還是單純的道德的說教而已。

沙克斯先生關於它的輝煌的効果聲嘶力竭地吹噓的倫敦諸建築公司，就是按照他們的計算——而這裏正是實行一切建築投機的所在的，——這種建築公司，它們全體，僅僅對於二千一百三十二家族及七百〇六人的獨身者，即一萬五千人以下的人，提供了宿所。然而僅只在倫敦東部，百萬的勞動者都在最爲貧窮的住宅狀態中討生活，因此，像這種騙騙小孩子的玩意，德國還敢有人若有其事地把它說成重大的成功嗎？這種完全是慈善的努力，其實也是可憐之極的被忽視的事物，在英國的會議報告內關於勞動者的狀態所作的報告中，對於這種事情連名字也沒有提到。

關於這個在全文上所顯露的有關倫敦的可笑的無知，我們在這裏不想說什麼了。但是有一件事却須一說。沙克斯先生說，蘇忽的獨身者的宿舍，因爲這個地域不能「招徠大量的顧客」，所以怠業了。沙克斯先生把倫敦西區（West end）的全部，都當做是奢侈的都市，不知道在最爲繁華的街巷後面也有稠密的最爲齷齪的勞動者街，而蘇忽就是其中之一。他所說的，我在二十三年前就知道的蘇忽這個地方的模範旅舍，一開始是千客雲集的，但是因爲無論誰在這裏都待不下去的緣故，才關門大吉了。然而它還算是最好的中間的一個。

在愛爾薩斯的米爾赫森勞動者街——這能說是成功的嗎？米爾赫森的勞動者街，正像英國資產階級拿往昔繁榮過的阿西坦、阿西渥斯、庫列格等聚落來誇耀一般，大陸的資產階級拿它大肆炫耀。遺憾的是：這個勞動者街並不是法蘭西的第二帝國和愛爾薩斯的資本家的「隱藏着」的聯合的產物，而是公然的聯合的產物。它是路易·保拿巴脫的社會主義的實驗之一，是國家出了三分之一的資本的東西。它在十四年間（直至一八六七年），將八百個小房，用不完全的、以在英國——在英國對此事是有較好的理解的——是不可能的組織而建築起來了，而且，將這個小房，以按月支付高價房租的辦法，在十三年乃至十五年以後，作爲財產歸屬於勞動者。這種財產獲得方法，是英國合作組織的建築公司早在以前就實行了的東西，并不需要愛爾薩斯的保拿巴脫黨人新發明的東西。爲購買房屋的房租貼水，比英國略微高些。舉例來說，勞動者在十五年間依次地付滿了四千五百法郎，得到在十五年間價值三千三百法郎的房屋。勞動者想要遷居，或者只是欠付了一個月的租金的時候（在這種場合，他可以給趕出去），對於他，便以住屋的原價値的百分之六又三分之二作爲每年的房租而計算（例如：房屋的價格值三千法郎，每月十七法郎），而支付餘額時却無一文利息。在這個場合，明明白白的是公司即使沒有「國家的補助」也還是可以發財的。在這種情形之下所供給的住宅，因爲只是在郊外半鄉間地方所建築的，所以較之市中心的老舊的兵營式的住宅是好些了，這也是明白不過的。

關於在德國的二三個可憐的實驗，宅的慘狀。沙克斯先生自己在一五七頁中承認了，無庸我們贅述。

不過，這一切的實例到底證明了什麼呢？這是簡單的：勞動者住宅的施設，即或它幷不蹂躪一切保健法則，也是有着資本的地收益的。這沒有爭論的餘地，我們從一早就知道這一切了。爲滿足欲望而投下去的一切資本，以合理的經營來進行的場合，都是有收益的。然而，爲什麼還有着住宅恐慌的存在呢？然而，爲什麼資本家不爲了勞動者建造充分保健的住宅呢？這都是問題。在這裏，沙克斯先生祇是重又對於資本家發出警告。對於它給以回答，是我們責無旁貸的；把這個問題給以事實的解答，我們在上面已經照辦了。

資本縱然能夠而卻不願排除住宅恐慌的原因，現在才算弄明白了。這裏剩下的只有從此脫開的其他兩個途徑，那就是勞動者的自助和國家的扶助。

自助之感激的讚美者沙克斯先生，在住宅問題的領域上，也會報告自助的奇蹟。遺憾的是，他首先就不得不承認：只有在已經成立了小住宅式的、或可以實現這種小住宅式的地方，也就是說，再在鄉村中，自助才可能有所作爲。在大都會，即在英國也如此，只有在極爲有限制的範圍內方才能夠成立。「根據這種自助的改良，只是間接的，所以常常僅是不充分地實行着。即：影響住宅品質的力量，僅是在所謂由私有所發生的限制上實行着而已。」沙克斯先生這麼嘆息着。就是對這一點也可以引起疑問吧？雖然，「私有的原理」，對於我們的著者的文體的「品質」，並未有何等改良的影響。雖然如此，「在英國的自助，爲了解决住宅問題，竟產生了遠較在其他方向上所施行的一切辦法更好的奇蹟。」沙克斯先生因爲這個緣故，而特別詳細地加以處置的東西，是英國的 Building Societies（建築協會）。「爲什麼要這樣呢？因爲關於這種組織及其作用，一般流傳的都是極不充分或錯誤的想法。英國的建築協會，……决不是建築公司或是建築合作社……莫如用德文 Hauserwerbverein（房屋獲得協會）這個字眼還表現得恰當。它是憑藉了會員的定期聚金，積蓄了一定的資金，按照資金的比列，對於會員，爲了購買房屋，保證貸款爲目的的結社。……所以，建築協會，對於它的一部份會員說來，是貯蓄組合；對於另外一部份會員說來，是借貸金庫。——所以，建築協會，是以勞動者的要求爲目的的抵押信用機關，主要的是……將勞動者的貯蓄，……使用於購買或建築房屋的存款的階級同志。像可以猜到的那樣，這種貸款是規定了以相當的不動產的抵押權而成立的，而且是用把利息支付和債務償却結合在一起的短期付清資金的方法來進行的。利息並不支付給存款者，而是用複利記入的。……要收回連利息在內的存款，得在一個月前聲明，則隨時可以實行」（一七〇——一七二頁）。「在英國存在着二千以上這樣的協會，……所積集的資本約爲一千五百萬磅。而且已經使十萬的勞動者家族用這個方法獲得了自己的家和灶的所有權。這確是不易爲他人所能達到的社會的成功。」（一七四頁）

不過，遺憾的地方是，緊接着就被加上「可是」這一類字眼。「可是，這麼辦，決不就是達到了問題的完全的解決。這不祇是因爲只有地位較優的勞動者……方能獲得這種房屋這一點理由上，還有，因爲在衛生設備上尚未充分予以注意的緣故」（二七六頁）。在大陸上，「這樣的協會……發達的餘地很小。」它是以小住宅式住宅爲前題，不過在大陸上小住宅式住宅僅只可以在鄉間得到成立，雖然在鄉間，單是實行勞動者的自助，並不能有充分的發達。另一方面，在可以設立眞正的建築協會的都市，「對於它，存在着許多顯著的困難」（一七九頁）。因爲建築協會僅只能建築小住宅，這在大都市是不可能的。要之，「協會的自助這種形態」，在現今的狀態，——在最近的將來亦如此——在解決這個問題上，是沒有演主要角色的理由的。這種建築協會，現在還是「在最初的未發達的初期的階段上。」「這樣的情形連在英國也是如此。」（一八一頁）

就是說，資本家不願意它，勞動者得不到它。而蕭爾茲·迪里契一派的資產階級常常把它當作模範用來訓誡德國的勞動者的這個英國建築協會，由於明白了它的一點眞相，——這是絕對必要的事，本篇也因此可以結束了。

這種建築協會既不是勞動者的組合，那它的主要目的所謂調節勞動者的住宅也就不會有了。相反的，我們只能把它的那種作用看做是一種例外的情形。建築協會在本質上是一種投機性質的東西。它，不論是在最初的小合作社規模上，或是在大的模倣者的規模上，都沒變化。通常是由飯館的老板發起——這個飯館在這以後每週召集開會——幾個熟客以及其友人、小商人、旅行中的商店店員、單幫客及其他的小資產階級——隨處都有的機械匠或其他屬於勞動階級貴族的勞動者也在內。——由這些人們組成了一個建築協會。它的最近的誘因是因爲一般的飯館老闆在附近或其他地方找到了比較便宜的地皮。而會員的多數，在他的職業上又不固定在一定的地方。而且零賣商人及手工業者的多數，在城裏，祇有店鋪，而沒有住宅。因爲不論是怎樣的人們，較之煤煙猖獗的市中心，是愛好住在郊外的。於是買到了地皮，就在這上面儘量建築許多小屋。比較富裕的人則可以以信用來購買地皮，拿每星期的儲金再加上二三鎊的小額借款，就能夠還淸每星期化在建築上應付的費用。不想以自己的房子做投機的人們，藉抽籤辦法，分到已建築成的小屋，於是再相應地增加房租，償還買價。至於多餘的小屋，則或出租或賣出。然而，建築協會有的賺頭很大，有的很小，在賺頭很大積聚了財產的場合，凡交納上會錢的會員，這種財產便作爲他們自己的財產，在不時或協會解散的時候，在他們自己之間分配了。這就是通常看到的英國的新的建築協會的經過情形。其他規模比較大一點的公司則經常是以政治的或博愛的藉口爲理由而創辦，它的主要目的，要之，是針對小資產階級的積蓄，用土地財產投機的方法，提供了利息優厚、有分紅利的厚望、帶有可靠的抵押的投資出路。

這種協會向那些種類的顧客做投機呢？這在雖不是最大的組合，但也可以算是最大組合之一的籌劃書中，表示得很明白。倫敦吉賽利街沙會蒲登大廈二十九號及三十號的巴克別克建築協會設立以來，計收入一千零五十萬磅（七千萬元），投資於銀行及國債上的有四十一萬六千磅以上，現在擁有二萬一千四百四十一個會員和存款人，該協會的告白是像下列這樣的：

「大多數的人們，都知道鋼琴製造家的所謂三年制度。這是說，用租賃三年鋼琴的方法，不論誰，在經過這個期間後，就成爲鋼琴的所有者了。在這個制度被制定以前，平常收入有限制的多數人們之中，要得到上等的鋼琴，正和要得到自己的房屋同樣艱難。人們幾年又幾年地支付了鋼琴租金，其支出的租金恆在鋼琴所值的二倍乃至三倍之數。在鋼琴場合可以辦到的事，在房屋的場合也可以辦到……僅僅因爲房屋比鋼琴價錢較高……所以房租支付房屋價格，就需要更長的時日。本公司董事有鑒及此，經與倫敦及郊外各地房東集議結果，對巴克別克建築協會之會員以及其他諸君，可以提供能供其自由選擇的存在於各處之多數房屋。本董事擬實行之計劃，其組織如後：凡租賃房屋十二年六個月，遵照規定付滿租金的場合，經過此期間以後，該房屋自茲即不需任何支付而成爲租房者之完全財產……若租房者能支付高額租金，在短期內卽可取得房屋所有權。……若所付租金數微，則亦可延長期限以取得房屋所有權。……凡有固定收入的諸君、商店職員以及其他各位，可因參加巴克別克建築協會，而從一切房東方面獲得了獨立。」

這是很明白的。關與勞動者毫未提及。而祇是對有一定的收入的人們、商店職員等等而說的。而且在告白上，它所預定的申請者是通常已然是鋼琴的所有者。實際與此有關係的人並非是勞動者，而是小資產階級以及將形成的小產階級和可能形成的小資產階級。商店職員以及與其相類似的部門的人們的收入，假令在一定的範圍內通常都是漸漸上昇的，但勞動者的收入，就是在數額最好的場合，卽使也是同樣的，事實上，家族的增加和欲望的增加與收入的數額比較起來，還是下落的。其實祇有極少數的勞動者能例外地參加這樣的協會。勞動者在負担了十二年六個月的債務上，一方面因爲他的收入爲數太少，另一方面，他又極不安定，能夠談得上這件事的，不是一些少數例外的高薪給的勞動者，便是工場監督。（註）

此外，米爾赫森的勞動者街的保拿巴脫黨人們之爲這個小資產階級的英國的建築協會的可憐的模倣者，是誰也可以判明的。其唯一相異的地方，是米爾赫森的保

(註)這裏，還要特別對於倫敦的建築協會的經營，加寫幾句。不用說，土地，是幾乎全是屬於倫敦的十二個貴族，其中高貴的土地，則是屬於威斯多敏斯特、碑得福得、卜多蘭得等諸侯。這些人們，將每塊建築地蓋都貸了九十九年，這樣，經過這個期間以後，便獲得了地上所存在的一切事物和土地的所有權。反過頭來，他們又把住屋以更短的期間，例如說，三十九年間，用相對的負責修繕的契約把它租出。其結果是租賃人不僅要把房屋修繕得合於居住的狀態，而且必須維持這種狀態。這樣的契約一訂，地主便能檢查這個房屋，而且爲了確定必要的修繕所在，派遣建築技師以及地方的建築警官(Surveyor)。這種修繕，是經常而範圍廣泛的，甚至包括外牆以及屋頂的全部修理問題。租賃人把租賃契約書作爲擔保押入建築協會，從這個協會取到以他的費用完成建築所必要的貸金——如每年房租是一百三十——一百五十磅，可以取到一千磅以上的貸金。所以，這種建築協會，是將屬於大土地貴族的倫敦住屋，帶着一點氣力都不費的用公衆的費用，來形成它的組織的。這便是那所謂對勞動者住宅問題的解決！——恩氏原註。

拿巴脱黨人，他們雖然有國家的補助，可是他們對於顧客，較之英國的建築協會還要欺騙得利害。他們的條件，平均說來，較之在英國所實行的東西，還不寬大。在英國，對於一切繳款都附有利息及複利，只要先一個月通知卽予付淸，但是米爾赫森的製造業者，則把利息及複利都裝到腰包裏，只把用五法郎硬幣所繳納的數額退還給顧客。可是，關於這個差異，任何人都不會吃驚得像沙克斯先生：他一面在自己的書上把一切都寫了出來，一面却又幷不知情。

勞動者的自助結果也落空了。現在只剩下國家補助了。沙克斯先生在這方面能夠向我們提供什麼呢？有三件事：

「第一，國家在宅的立法及行政上必須攷慮的是：對於用任何方法促進勞動者的住宅恐慌的一切事物，應加以排除或予以適當的改良。」（一八七頁）

就是說：爲了可以有較爲廉價的建築，要改正建築立法及使建築業自由。可是，在英國，雖然建築條令的限制最小，建築業有着像空中的鳥兒那樣的自由，還是存在着住宅恐慌的。不僅如此，在今日英國所有的廉價建築中，每逢馬車通過時，屋子就振動，每日都有倒塌的房子。這還是昨日（一八七五年十月二十五日）的事情呢：在曼却斯特，倒塌了有六間屋子的一個建築，重傷勞動者六人。所以，這也是不頂事的。

「第二，國家權力，必須干涉因個人的狹隘的個人主義所存在的惡害或重新引起的惡害。」即：像一八五七年以來英國所施行的那樣，勞動者住宅的保健及建築，交由警察監督，與健康有害，而且腐朽的住宅，其封閉權必須移交於官廳。然而這在英國，發生了什麼情況呢？一八五五年的第一法律（有害物除去法），正像沙克斯先生自己也承認的那樣，「形同具文」；一八五八年的第二「法律（地方自治法），亦完全相同」（一九七頁）。與此相反，沙克斯先生將僅在人口一萬以上的都市方適用的第三法律職工住宅法，當做「的確給英國議會對於社會事物之高瞻遠矚以「最好證明的事物」（一九九頁），然而這種主張，不過是沙克斯先生對於英國的「事物」之徹底無知的再度地「最好證明的事物」而已。英國「在社會的事物上」，一般遠較大陸先進，是昭然的事情。它是近代大工業的模範國，資本主義的生產方法，是最自由、最廣泛地發達着的，它的成果在這裏最爲輝煌地顯現了出來，從而也首先喚起了在立法上的反響。它的最好的證據，就是工廠法的制定。不過，要是沙克斯先生信以爲議會所製作的法律同時在實際執行上也只要憑法律的力量就行了，這就是他大大的錯誤。而且，不論是什麼法律，連地方自治法在內，都是這樣(只除過職場法算是例外)。法律的執行，是由市公所來担任的，然而英國的市公所，幾乎一般都被認爲是各種腐敗包庇家族，並且是假公濟私的中心點。(註)

(註)所謂假公濟私（Jobbery），是官吏對其個人或其家族，爲了私利，而利用公的官職的行爲。例如：一個國立電信所所長是製紙工場的匿名職員，這個工場木料由他的森林供給，其後，電信局的用紙則委托這個工場供給，這種場合，雖然渺不足道，但是因爲他對於假公濟私的原理完全理解，在儘力的運用上，完全是巧妙地發了財。不用說，這和其他的事情一樣，對於俾斯麥是很了然的，而且是必然而然的事。——恩氏原註。

這種市公所的職員，因爲他的地位的獲得是通過各種家族關係而來的，所以卽或有執行這樣的社會立法的能力，也沒有執行的意志。然而正是在英國，較之二三十年以前，現在這種風氣可以說是沒有了，被委以準備及執行社會立法的官吏，大多數都表示了嚴格履行其任務的事實。在市議會中，幾乎不論在什麽地方，都有着不健康的腐朽的住宅的有所者的間接或直接地强有力的代表。憑藉小選擧區而來的市議會的選擧，使被選擧者隸屬於最不足取的地方利益及勢力。所以，想再度被選的市議會議員，對於他的選擧區，必定不敢贊成這種法律的適用。而且，這個法律幾乎在一切地方，何以被地方官吏厭惡地來接收，以及它向來僅僅在最爲恥辱的場合才被適用，那道理，是立卽可以判明的。它主要的是像前年曼却斯特及薩爾佛得流行天花的時候那樣，終竟當作流行病的結果才被適用了的。英國是像所有自由主義的政府所有的原則那樣的，只有在被迫到必要的時候，纔會提出社會改良法案；而在社會改良法存在之場合，任何應該實行的時候，而不把它給以實行的場合，只有對內務大臣請願，才能維持它的効果。形成問題的法律，正像英國其他許多事物一樣，這種法律，僅僅在經由統治勞動者和壓迫勞動者的政府之手，眞地在實際上把它適用了，因而把它變成才給予現在的社會狀態以破口的強力的武器的時候，它才是有意義的。

第三、要照沙克斯先生說來，國家權力，「爲了救治現在的住宅恐慌，必須盡力地使用形成它的自由的積極的設施。」卽：國家權力對它的下級官吏及雇員，「必須提供是眞正的模範公共建築物的兵營式宿舍。」（不過這些人們並不是什麼勞動者呀！）而且，「對市街村會、公司、私人，像英國依照公共事業貸借法所實行的，或巴黎及米爾赫森的路易．保拿巴脫所實行了的那樣，必須實行以改善勞動階級的住宅爲目的的貸款」（二〇三頁）。可是，公共事業貸借法，同樣地不過是一紙空文的存在，政府對委員會至多不過提供了五萬磅的貸金而已。就是說，至多是四百小屋，卽在四十年間是一萬六小屋，換句話說，至多是對八萬人的建設住宅的資金。這是滄海之一粟！就是在二十年以後，由於歸還的委員會的資金，變成二倍，即在後二十年間，假定還可以建築可供四萬人的住宅的話，仍然不過是滄海之一粟！而且，小屋平均不能維持四十年，在四十年以後，每年必須支出五萬磅以至十萬磅的現金來將漸次腐朽的小屋重加修建。沙克斯先生，在二〇三頁上，却把這個原則當做在實際上可以正確的，而且「無限制地」實行的東西了。沙克斯先生告白了：甚至在英國，國家是「無限制地」一事未成，而他把這變成對一切關係者的道德說教後，就結束了他的著作。（註）

現今的國家既不能救治住宅問題，也沒有想去救治住宅問題，那是洞若觀火的。這是因爲國家是由和被剝削的諸階級，即農民與工人所對抗的所有者諸階級，即地主與資本家，所組織而成的整個權力機構。每個資本家所不願意的事物，他們的國家也是不願意的。（在這兒，只成了資本家的問題。雖然，在這個問題之上有關係的地主，早先是作爲資本家的性質而表現了的。）所以，每個資本家並不把住宅恐慌員的放在心上，幾乎對它的最可怕的結果連表面上的恐懼都沒有，在這樣的場合，全部資本家即國家就不會作出什麼事來。國家至多祇是將已經成爲例行公事的表面性的彌縫方策照例地實施而已。像這樣的事實，我們是明白的。

但是，德國還未被資產階級所統治，因爲國家在一定的程度上還是從社會獨立而浮動的權力，因之，它是代表了社會的全利益，而不是代表一個階級的利益。像這樣的國家無論怎樣是能作出許多資產階級國家所作不到的事的。我們可以從這個

(註)近來，爲了設置新道路，在倫敦建築局許可的收用權法律上，某種程度地顧慮到沒有住處的勞動者了。因之，凡新建築的建築物，都加上了必須適宜於原來住在該場所的人口階級這一規定。人們在最廉價的建築用地上，建築適合於勞動者的五層乃至六層的大租屋，來滿足法律的條文。而那些與這些勞動者全然不習慣以至與老倫敦的情形完全不相符合的設施，是怎樣被保持着而實行了的？不看到它的結果，是弄不明白的。然而，就是在最好的場合，這種新設施實際上是驅逐了勞動者，連他們的四分之一都沒有資格住在這裏的。——第二版恩氏原註。

國家的社會領域上期待全然相異的事物。我們這種說法是會受到非難的。

這是反動派的言論。然而，在事實上，像德國現在這樣的國家，也是它由之長成起來的社會基礎的必然產物。在普魯士——而且只有普魯士在今天是標準的類型——現在尙且存在着和強大的大土地所有者的貴族相並的、不像法國那樣，爭取從來的直接的政治統治，也不像英國那樣，爭取若干間接的政治的統治的、比較新的、還是顯著脆弱的資產階級。可是，也存在着和這兩個階級並立的，正在激急增加的、在知識上甚爲發達的、日益組織化了的無產階級。就是說，我們在這裏發現了和舊時的絕對的君主專制的根本條件並立的，是近代保拿巴脫主義的根本要件，即在土地貴族與資產階級之間的均衡之旁，並立着資產階級與無產階級的均衡。但是，近代保拿巴脫的君主專制，也和舊時的絕對君主專制相同：政府權力事實上都操在特殊的軍人及官吏僚閥手裏。而且，補充了他們的行列的，在普魯士，一部份是他們自己，有一部份是長子繼承的小貴族，極爲稀少的，是大貴族，最小的部份，則是資產階級。看來是存立於社會以外的，或者說是存立於社會以上的這種「閥」的獨立性，對社會說來，它把獨立性的外表給了國家。

在普魯士（在德國新憲法中，得到優越以後），作爲從充滿這種矛盾的社會狀態的必然的結果所發達來的國家形態，就是假裝的立憲主義。而且，這種形態，是舊時的絕對君主專制之現在的解消形態和保拿巴脫的君主制的存在形態之混合。普魯士的這種假裝立憲主義，是隱蔽了從一八四八年到一八六六年的絕對君主制之慢性死亡的媒介。但是，一八六六年以來，尤其是一八七〇年以來，和社會狀態的變革同時進行的，舊國家的解體在萬目共覩之下，是以顯著發展着的情勢而進行了。工業，特別是投機的急激地發達，把所有的統治階級都投到投機的旋渦中去了。一八七〇年從法國大大地被輸入的腐敗，以前所未聞的速度而發達了。謝託羅斯傑和披列爾互相脫帽。大臣、將軍、侯爵、伯爵們，一點也不遜色於最精明的猶太買空賣空家，作着股票投機。這樣的國家，因爲猶太人買空賣空家大量地成了男爵，便承認了他們的平等。長期間內作為甜菜糖製造者及火酒釀造家的工業的土地貴族，已經忘記了往昔的堅實的時代，在一切堅實的或並不堅實的公司的董事表上大列其芳名。官僚對於以盜用公款為增加收入的唯一手段這種思想，越來越輕視，他們國事管他娘的，追求着在管理工業的企業中大大發財的地位。還在居官的，倣効着他們上司的作風，熱衷於投機，或在鐵道等上面「插進手去」。甚至連士官們，也以為在各種投機上來一下是應該的。總而言之，舊國家的一切的要素的分解，絕對君主專制的向保拿巴脫的君主制的推移，是最為急速地進行着。而且，由於必然要來的大工商業恐慌，不僅是現在的欺騙，舊時的普魯士國家的一切，也都要被破壞了。（註）

而且，它的非資產階級的要素日日在向資產階級化進行的這個國家，它一定要解決「社會問題」，或者僅只是解決住宅問題嗎？正相反。在一切經濟問題上，普魯士國家是日益歸入資產階級的手中了。如果一八六六年以來的經濟領域上的立法，未曾更合適地照應了資產階級的利益，這罪責該誰負呢？主要的要資產階級自己來負。第一、資產階級在強力地代表自己的要求上，是過度地脆弱；第二，資產階級在各種讓步上都是反抗的，因爲這種讓步，同時立刻又對於帶有威嚇性的無產階級，提供了新的武器。國家權力，卽俾斯麥，爲了要抑制資產階級的政治活動，企圖把自己所奴隸的無產階級組織起來，這對於勞動者說，除過是不負任何義務的、必然而且是顯而易見的、保拿巴脫的可憐的手段外，還會是別的什麼呢？不是除過保拿巴脫式的關於建築協會的兩三篇好意的演說以及大不了是最小限度的國家的補助以外，就沒有什麼別的了嗎？

勞動者能從普魯士國家期望些什麼的最好的證據，存在於那會使普魯士國家機

(註)使一八八六年當日的普魯士國家和它的基礎，——卽和保護關稅相連結的大土地所有與工業資本的聯合，——得到維持的東西，很明顯的，是對於從一八七二年以來在數量及階級意識上都激急地發達的無產階級的恐怖。——恩氏原註。

關能再度對社會維持其短暫而無用的獨立性的法國數十億賠款的用途中。難道這數十億中有一元錢是爲了被棄置於露天中的柏林勞動者家族的宿舍而用的嗎？完全相反。秋天來臨時，國家甚至把勞動者在酷夏中作爲應急的宿舍的臨時建築物都給毀掉了。五十億巨款，都在要塞上、大砲上、軍隊上、乾脆地消耗光了。雖然有頑固的華格那，和與奧地利的謝迭巴會議，德國勞動者從這數十億巨款中，所得到的至今遠不如法國勞動者從路易・保拿巴脫搜刮法國的數百萬金之中所得到的。

三

資產階級解決住宅問題之唯一方法所用的那種樣式，事實上是不管用的。就是說：那種解決法常常是惹出了新的問題的解決法。這種方法，就是所謂「赫斯蒙」（Haussmann）。

我在這裏所說的「赫斯蒙」，幷不是指巴黎的完全是保拿巴脫的特別方法的赫斯蒙。這個赫斯蒙的方法，是把建築窄狹的勞動者街道打通，造成長的筆直的寬闊的街道，把它的兩側用許多大建築物圍繞起來。這種場合，除了使要塞戰困難的戰術上的目的外，還有別的目的，形成隸屬於政府的、特殊的保拿巴脫建築的無產階級，和使勞動者街變成純粹的奢侈都市。我所稱之爲「赫斯蒙」的，特別是指在近代大都市的中央所存在的勞動者地域上，一般所實行的市區改革而言。這種市區改革，是因各種原因而被提出的：有的由於顧慮到公共衛生及美觀，有的由於在市中央需要大商業地域，有的由於敷設鐵道開修街路等交通之需要。這些動因縱然不同，結果却是到處相同。最受非難的小街和小巷，在它的顯著効果前破消滅了，資產階級對此曾自吹自捧。但是它們總是不知在那裏，往往是極附近的地方，又出現了。

我在英國勞動者階級的狀態中，曾描寫了曼却斯特在一八四三年及一八四四年是怎樣的外觀。從此以來，由於在市中心行走的鐵道，由於新道路的敷設，由於公私的大建築的建設，在著書中所記述的最壞的地區的大部份，都被貫通了、處理了，改良了，其他的東西也都被撤毀淨盡了。可是，從此以來，雖然是在保健警查的嚴重監視之下，但還有着許多和這以前相同的，甚至是更加粗惡的建築狀態，而且，由於從此以來增加了約半數以上的人口的都市的大膨脹，當時空氣的流通還算良好、還算清潔的地區，現在則一如當時最受惡評的都市一樣，成了建築物滿坑滿谷、齷齪、人口密集的狀態。這兒只要舉一個例子就夠了。我在描著八十頁及其以下的篇幅中，敍述了關於梅達羅克河的谷底的村落的情形。那裏先前叫做小愛爾蘭，年來則被說成爲曼卻斯特的汚點了。小愛爾蘭已經消失了。現在這個地方在堅實的工事基礎上建築了車站的資產階級，像得了一大勝利似的，盛氣地表示着把小愛爾蘭算是穩當地征服了。然而恰像德國的大都市的有着護岸工事的兩三條河川，由於明白的原因每年都要起大氾濫一樣，這裏在去年的夏天泛起了大氾濫。那時人們發現了：小愛爾蘭並未被消滅，而僅是從牛津街的南側被遷移到北側，現在照舊是繁榮的。我們聽聽曼却斯特的急進資產階級的機關報秦晤士週報(Weekly Times)在一八七二年七月二十日所說的：

「梅達羅克河的谷底的居民，在上星期五所遭受的不幸，恐怕將要帶來一種很好的結果。那就是，在過去長期間內，對於甚至在市長及市保健委員的面前都不加聞問的有關保健的各種法律的明白的蔑視，會惹起了公衆的注意。本報昨日日刊上的那篇強硬的論文，在將氾濫所襲擊的查爾斯街以及布爾克街兩地方的兩三個地下住宅的可恥的狀態予以暴露上，還算是太弱了些。在那篇記事中所記載的有關居處之一的詳細調查，使我們確然承認昨天本報的全部記事，同時，還須要說明的是：這個居處所在的地下住宅，是早就該封閉的東西了，而且決不應當再允許把它當做人的住宅。斯克雅斯院是在查爾斯街與布爾克街的轉角處由七八家住宅所組成的，在鐵道跨橋之下，就是布爾克街的最低的地方，在它上面散步的人，絕想不到在他脚底下深的地方會有人類住在窖中，而每日在上面通過。這些家庭是在人眼看不見的地方，只有迫於窮困的人們，才在這個墓場似的孤立的地方，爲了求宿而注意它。即使被阻塞在堤防中間的梅達羅克河流，在停滯不流而不逾越平常水位的時候，這個住宅的床鋪，離開水面亦不過數英吋而已。要是什麼時候下了大雨，催人發嘔的活水就由輸送管排水管汹湧而來，作爲每次氾濫的紀念；臭氣薰天，對於住宅極爲有害。斯克雅斯院比布爾克街的沒有住人的地窖還要深……比街道還要低二十呎。這樣，星期六從輸送管排泄出來的污水高達屋頂。因爲我們知道這一情形，所以期望這裏沒有住人，就是說，我們還以爲是保健委員會住派人住在這裏，洗刷牆上的惡臭、消毒。然而，代替了這個想法的是我們在理髮師的地下住宅中的一隅看見了用鐵鏟把一些腐亂的污物放在手推車上的男子。這個理髮師——他的窖室已然被掃除過——引導着我們，再走入底下的幾個住宅。關於這個住宅，他說道，要是他會寫文章的話，他要向報館投稿，主張把它封閉掉。這裏，我們算到了斯克雅斯院了。在這裏我們大爲忙亂，發現了正在洗濯的美麗健康的愛爾蘭婦人。她的丈夫是某公館的守夜人，住在這裏已經數年，她們的家口很多。……在她們那個剛離開的家內，洪水是在頃刻之間高及屋頂昂然而來的，門窗毀壞，家具堆成了破片。據她談稱，這個居住者的家因爲惡臭得利害，完全由於每二個月間用石灰將屋子加以漂白，對於這種惡毒才能夠忍耐。……本社記者今日才發現在最後走進的內側的居處，靠上述住屋的背壁建有三間屋子，并且其中二間住着人。這裏的惡臭尤厲，甚至最最健康的人，在這裏停留數分鐘以後，就非暈眩不可。……在這個可厭的窖中，住着有七口之家的一個家庭，甚至在星期四的晚上（開始氾濫的那一天），所有的人都還睡在這個屋裏。這個婦人卻從不曾入睡，這是因了惡臭，她們夫婦嘔吐不已。星期六，他們必須在深及胸際的水中行走以便把孩子們運出來。這個婦人雖然以爲這個洞穴和猪住的一樣，但是圖了每週一個半先令（十五克羅中）的便宜租金，所以住下來了。這是因爲她的丈夫身患疾病，近來屢次不能工作所致。這個居處以及其內部，一似這個世界的墳墓當中；這些痛苦的居民所予人的印象，就是極度的貧乏。若依據在斯克雅斯院觀察所得，我們應該說：這是此類地方的其他許多地域的縮圖之一——這或許是可怕的誇張——，它的存在，必須看做是我們的保健委員會無可置辯的責任。而且，今後若還允許在這種地域居住，那委員會非負這個責任不可，因爲它有着使近隣面向傳染病的危險，但關於此種重大事件，我們不願再探索上去了。」

這就是資產階級如何解決了住宅問題的實際上的最好的例子。資本主義的生產方法，把勞動者每夜都關在裏面的那些傳染病的培養地、可恥的洞穴或地窖，並未能被排除，而僅僅是把它們調換了！這是因爲它們在第一個場所所發生的同樣的經濟的必然在第二個場所也要發生的。在資本主義生產方法存在的期間，而要把住宅問題以及其他任何與勞動者的命運有關係的社會問題個別地予以解決，那就是愚蠢。這種問題的眞正的解決，是廢止資本主義的生產方法，是勞動階級自己獲得一切生活及勞動手段。

第三編　關於蒲魯東及住宅問題之補遺

一

民衆國家八十六號上，麥里堡自己承認了是該誌五十一號以下諸期上我所批判了的論文的筆者。他在他的回答中，用我無論如何對它必須作覆不可的氣勢，對我大大地加以責難，而把在那個場合上形成問題的一切觀點都攪亂了。我覺得遺憾的是，對於麥里堡所預定的大部份必須在個人論爭範圍內來進行的我的回答，但我打算用如下的方法給予一般的興味。即我雖然不免又要冒一回險：麥里堡會再說一次，這一切都是「在本質上，不論對於他，或對於其他的民衆國家的讀者，在今日，是並無任何新鮮的意義的。」但主要的也能把所達到的見解，較之以前所展開的，更能深進一步地明瞭。

麥里堡關於我的批評的內容與形式，都有非難。關於形式方面，我祗要這樣回答就很充分了：當時我眞不知道該論文是何人所寫，所以關於對於筆者個人的「偏見」，是不能成爲一個問題的。對於在論文中所展開的住宅問題的解決，我要按照我的所見說來，是早就從蒲魯東知道了的；並且，對於這個問題，在確立了所謂私見這一極限上，那我是「有偏見的」。

關於我的批判的「論調」，我並不以爲是和友人麥里堡作爭噪的。像我這樣久矣從事於運動的人，對於攻擊早就麻木了；因之，也就往往容易以己度人。這次爲了補償麥里堡，我就打算把我的「論調」盡力適合於他的表皮的感受性。

麥里堡對於我名他爲蒲魯東主義者，尤其深爲不滿，斷言他不是蒲魯東主義者。當然，這是我應該相信他的。然而，形成問題的論文——而我僅僅和這個論文有關係——證明了它所包括的東西，除過純粹的蒲魯東主義以外，概無所有。

但是，要照麥里偎說來，我是把蒲魯東「輕狂地」批判了，而且對於他，太不公正了。「小資產階級、蒲魯東的學說，在德國連許多沒有讀過他的著作的一行的人，都在宣傳它，變成了日常的唯一無二的教條。」當我悲嘆：拉丁語系的勞動者在二十年以來除過蒲魯東著作便再沒有其他的精神食糧，而麥里偎則回答道：就拉丁語系的勞動者說來，「由蒲魯東所形成的諸原理，幾乎形成了各地的運動的主動精神。」我不能不否定這種說法。第一，勞動運動的「主動精神」，並沒有什麼「原理」，不論在什麼地方，都是因爲大工業的發達和它的結果，卽一方面是有着資本的集積和集中，另一方面是有着無產階級的集積和集中。第二，麥里偎說的所謂蒲魯東的原理，在拉丁系民族之間演着所謂決定的作用，並且，「無政府的原理，經濟勢力之組織的原理，社會的清算之原理等等，在那裏——成了革命運動的眞正的作用者。」這些都不正確。蒲魯東的全世界救濟法，只有巴枯寧以更惡劣的形態，僅在西班牙及意大利少得勢力，這是毋庸說起的。在法國，蒲魯東主義者雖然形成了少數的分派，但勞動大衆對於所謂社會的清算及經濟勢力之組織這些題目，關於這些由蒲魯東提案的社會改良計劃，可謂毫無所知。這是對於國際勞動運動略有所知的任何人都週知的事實。這是在公社治下所表示了的情形。在公社內，不管蒲魯東主義者所代表的強力如何，遵從蒲魯東的提案，來清算舊社會以及組織經濟的勢力，毫未作過何等的試驗。完全是相反的。公社的一切經濟的施設，形成它的「主動的原因」的東西，並不是什麼原理，而是單純的實際的要求，這正是公社的最高名譽所在。所以，這一切的經濟的施設——禁止夜業的烤麵包，禁止工場的罰金制度，關門的工場及工作場之沒收及由勞動協會接收，——完全沒有蒲魯東的精神，其實是德國科學的社會主義的精神所產生的。蒲魯東主義者所實行了的唯一的社會方策，就是不要沒收法蘭西銀行。而且這就是公社崩潰的一部份原因。同樣的，所謂布洛基主義者，當從單純的政治的革命家抱着特定的綱領轉換爲社會主義的勞動者之一派的時候，像英倫的布洛基主義者的亡命者在其宣言國際與革命中所作的那樣，所宣言的並不是社會救濟的蒲魯東的計劃的「原理」，其實是把關於無產階級的政治的行動之必然性作爲廢止階級、從而廢止國家的過渡期的無產階級專政之必然性，這些德國科學的社會主義之見解——這些都是在共產黨宣言中聲明過，而且此後聲明過無數次的東西——幾乎都在書面上宣言了。而且麥里堡要是以爲德國人之輕蔑蒲魯東，是出於對「直到巴黎公社」的拉丁系的運動的認識不夠而來的，爲了證明這種認識不夠，他應該指出比德國人馬克思所執筆的關於法國內戰的國際總評議會的報告還要高明的詳細正確地理解和敍述公社的拉丁系著作。

勞動運動直接在蒲魯東「原理」的勢力下的唯一的國家是比利時。因此之故，比利時的運動，才像黑格爾所說的那樣「通過無，由無到無」地進行着。

當我這麼認識的場合：拉丁系的勞動者，直接或間接的，二十年來只從蒲魯東攝取食物，是一種不幸，我認爲這種不幸並不在於蒲魯東的改良處方書——麥里堡名之爲「原理的」——的完全的神祕的支配，而是認爲：他們對現存社會的經濟的批判，由於感染了全然是謬誤的蒲魯東的傾向，他們的政治行動，爲了蒲魯東的勢力，而被弄糟糕了。因此之故，較之「蒲魯東化了的拉丁系勞動者」和拉丁人之理解他的蒲魯東，不論在什麼場合，都是無限地好的　是德國的勞動者之理解科學的社會主義；至於要問那一個「是比較地革命的」，那只有我們明白了所謂「是革命的」是什麼意思的時候，便能夠對它答覆。我們都聽到人們說有些人們「是基督教的，有眞的信仰，浴着神的恩寵」的等等。但是，所謂「是」革命的、最爲強力的運動，是什麼呢？難道所謂「革命」，就是人必須把它當做獨斷的宗教來信仰的嗎？

還有一層，麥里僂說我無視他的勞作的表現用語，竟說他是把住宅問題專門作爲勞動者問題而加以說明和主張，對我責難。

祇有這次　麥里僂事實上是對的。我把這些有關的地方完全忽略了。是無法逃避責任地忽略了的。因爲無論如何　正是這些地方，對他的論文的整個傾向，總是最爲特徵地表示了的所在。麥里堡率直地說着事實：

「我們常常受到一些可笑的非難：我們要進行的是階級的政治，我們是爲了階級統治而努力等等。因此，我們首先必須要作個明白的交待：住宅問題並非祇是和無產階級有關係，完全與這相反。住宅問題是以本來的中產階級，卽小工業者、小資產階級、整個的官僚爲主的，有利害關係的東西。……住宅問題較之其他的問題，在社會改良這一點上，更合適地表示了：一方面社會的無產階級的、以及在另一方面的本來的中產階級的利益之完全的內的一致。中產階級是和無產階級同樣的，大半還更強烈地在租賃住宅的壓迫的桎梏之下苦惱着。……本來的中產階級在今天當面的問題是：他們是否有和年富力強精力充沛的勞動黨合作來參加社會改造的過程中的力量，而立卽從中給他們拿來它的恩惠。」

因此，朋友麥里堡在這裏這麼斷言：

（一）「我們」不進行「階級政治」，而且，也不在「階級統治」上努力。德國社會民主主義勞動黨，它是勞動者的政黨，因此必然地是進行「階級政治」，卽勞動階級的政治的。一切政黨都是從獲得對國家的統治這一點而出發的，因之，德國社會民主主義勞動黨，必然地是在向他們的統治卽勞動階級的統治，從而是一個「階級統治」來努力的。從英國憲章黨(Chartist)以來的一切眞實的無產階級政黨，常常揭櫫的是：階級政治，卽作爲鬥爭的第一要件、作爲獨立政黨的無產階級的組織、以及作爲它的直接目的的無產階級的專政。麥里堡，由於把這些說爲「是可笑的」，他把自己放在無產階級運動以外，而安身在小資產階級的社會主義之中。

（二）住宅問題的特質，是它並非是勞動者專有的問題，「本來的中產階級」，關於這個問題，是和無產階級「同樣顯然的，不，恐怕更深一層地苦惱着」，因此，是所謂以小資產階級「爲主的有着利害」的問題。要是有人這麼說：小資產階級僅僅在他的特有的關係上，「大半較之無產階級更深一層」地煩惱着，人要是把這種人算在小資產階級社會主義者數內，確然不算對他不公平吧？因此，我在如下這樣說的時候，麥里堡就不應該有他的不滿的根據了：

「這，主要的，對勞動階級和其他的階級，即小資產階級所共有的苦惱，正是蒲魯東也算在數內的小資產階級社會主義者所欣於研究的問題。因此，德國的蒲魯東主義者，就中如我們所知道的那樣，把並非單祇是勞動者問題的住宅問題抓住不放，這並不是偶然的。」

（三）在「社會之本來的中產階級」的利益和無產階級的利益之間，成立了「絕對的內的一致」。而在當面的社會改造過程中「從中立即拿到恩惠的」，並不是無產階級，而是本來的中產階級。

因此，勞動者對當面的社會革命，「就中」，不能不顧到小資產階級的利益。而且在小資產階級的利益和無產階級的利益上，存在着絕對的內的一致。若是小資產階級的利益和勞動者的利益是內的一致的話，勞動者的利益當然也和小資產階級的利益有着內的一致。因此，在運動中要承認小資產階級的觀點和無產階級的觀點是同樣的。正是這種同權的主張，人才把他們名之爲小資產階級社會主義的。

因此，麥里堡在單行本二十五頁，讚美小工業說，「因爲在它的本來的性質上，是將勞動、營利、所得三種要素自行結合在內，而在這三要素的結合上，它在個人的發展力上並未設有任何的限制」，所以是「社會的本來支柱」；相並的，他說，近代工業却滅絕了普通人所倚賴的溫床，「從生活力旺盛、常常不斷更新的階級，造出了一羣目光充滿了恐怖、團團亂轉的無自覺的人」，認爲近代工業本當受到非難。所以，小資產階級就是麥里堡的模範人物，小工業就是麥里堡的模範生產方法。那麼，我拿他算在小資產階級社會主義者數內，難道是誹謗了他嗎？

因爲麥里堡迴避着對蒲魯東的一切責任，這裏再一直把蒲魯東的改良計劃的目的——將社會的全員轉化爲小資產階級以及小農民階級——加以說明，將是無益的了吧？至於深入說明小資產階級的利益與勞動者的利益的在名義上的一致性，也是無此必要了吧？必要的事情，已然在共產黨宣言中了（萊比錫版，一八七二年，一二及二一頁。）

因之，我的研究的結果，就是：在「小資產階級蒲魯東的傳說」之傍，並立着小資產階級麥里堡的現實。

二

我們現在才來到重要之點。我曾非難麥里堡的諸論文，說它是追從了蒲魯東之流，把經濟的諸關係翻譯爲法律的表現方法，因而是錯誤的。我作爲實例的，是舉了下面這段麥里堡的文章：

「凡已築建的房屋，假令它的實際價値，已在賃租的形態下，十二分地償付了房屋的所有者，那麼對於社會勞動的一定部份，它是作爲永遠的權原來使用的。因之，在五十年以前所建築的房屋，在這期間內，作爲租金的收益是得到了其最初的費用的價格之二倍、三倍、五倍、十倍的。」

而麥里堡却這麽訴苦着：

「因爲對於一種事實單純而率直的確認，恩格斯竟而喫驚起來，要我必須說明的房屋是怎樣成爲「權原」的。而這完全在我的任務範圍以外。……記述與說明白然是兩件事。我根據蒲魯東，說社會的經濟生活，必須由一種法的觀念所滲透，因此，我所敍述的並非一切的法的觀念，而是作爲缺乏革命的法的觀念之社會的現代的社會。這個事實，就是恩格斯也要承認的吧？」

我們先直接就已建築了的房屋來論罷。房屋被租出以後，它的建築者是將包含着地租、修繕費、所投下的建築資本的利息，由此所生出的利潤以租金形式而拿到的。而因此事實，陸續付來的租金就造成了本來的費用的價格的二倍、三倍、五倍、十倍的數額。麥里堡朋友呵，這就是經濟的事實的「事實」之「單純率直的敍述」！而想要知道它是如何「達到」存在，我們就非在經濟的領域內研究不可。所以，我們要使任何小孩子，對它不至於誤解，就非把這個事實少加詳細的觀察不可。商品販賣，是它的所有者讓渡商品的使用價值，而取得交換價値，這是無庸說的。商品的使用價値之不同，主要的是在於它們在消費中的時間的差異。一塊麵包一天吃光，一件衣服一年穿破，一間房屋不管怎樣，要存續百年之間。因此，凡消耗期間比較長期的商品，它的使用價値的各部份，都可分次用一定的期間來販賣。就是說，它發生了所謂貸賃的可能性。因之，部份的販賣，不過只是把交換價値逐漸實現。由於不能立卽收囘放出資本及由此所獲的利潤，販賣者藉提高價格，卽附加利息，來加以補償，但是它的標準，是由經濟學的法則所制定，决不是任意可制定的。百年告終，房屋被使用完了，消耗了，成了不能住的狀況。這時，若從我們所付的全部租金數額內扣去：（1）在此期間內漲價的地租，及（2）在此期間支出了的修繕費，它的剩餘部份平均起來，當可發現係由下列各項所構成：（一）房屋的原來建築資本；（二）建築資本的利潤；（三）漸次行近期滿中的資本及利潤所附加的利息。不過，在這個期間終了後，不論是租借人或所有者都失去了房屋。

• 115 •

所有者僅有的不過是土地（卽土地成爲他的所有之時）和它上面的建築材料。而這種建築材料並不就是原先的房屋。房屋在此期中雖然收益了本來價格的五倍甚至十倍以上，但是我們不難發現這是由於地租的騰貴所發生的。這事在地主和房主是相異的兩個人、像在倫敦那樣的場合，任何人全然知曉。這樣顯著的租金的騰貴是在急激膨脹不已的都市中所發生的，而並非是在建築用地的地租幾乎毫無變化的農村所發生的。若除過地價的騰貴以外，房屋所有者每年從房租所得到的收益，平均不及所投資本（包括利潤）的七分以上，在其中，還必須要支付修繕費，這是衆所週知的事實。要之，租賃契約也完全是普通的商品交易之一種，它之於勞動者，在理論上與其他一切商品的交易意義相同，只有勞動力的買賣，算是一種例外。然而在實際上，租賃契約之對於勞動者，是作爲千千萬萬的資產階級的欺騙的形態之一種而存在的。關於這些情形，我在單行本第四頁中已然談過，雖然，像我在那裏所證明的，這個欺騙形態也是根據經濟的法則而來的。

與此相反，麥里堡在租賃契約上，除過純粹的「隨意决定」以外就沒有看見別的東西（單行本一九頁）。而在我作了與他正相反的説明的時候，他却說我所說的是「可惜這不過是他自己也早就知道的事情」，大大地不開心。

卽使我們把握了關於房屋租金的一切研究，要把廢止租賃住宅一轉爲「由革命的觀念之核心所產生的，最有效果，而且是偉大的努力」，也是辦不到的。完成這種事情，我們必須把原有經濟上的單純的事實，翻譯到大部份是觀念的法律學上去。在「房屋」對於房租，「作爲永久的權原而服役」。因之，「造成」：房屋的價値，藉了房租，可以償還二倍、三倍、五倍、十倍。要知道它如何「才成了那樣」，「權原」並不能有何等用處。因此，我曾說：麥里堡要研究了房屋如何變成權原以後，才會明白它是如何「成爲那樣」的。我們，像我所做的那樣，關於統治階級在承認這事上所用的法律的表現，代替了憤怒的是由於研究了房屋租金的經濟的性質，而才開始明白了它。凡提議以經濟的方策來廢止房屋租金的人，應該有知道所謂房租「是租借人對於資本的永久的權利所納的貢物」這以上的意義的義務。
而麥里堡對此的回答則是：「敍述和說明完全是兩回事」。

因此，我們不管房屋決不是永久的東西，竟把它變成了房租的永久的權原。而且，我們發現了：由於這種權原，用租金形態，「達到」要拿到它的價值的數倍。我們發現了：由於把它翻譯成法律的，幸而從經濟遠離開，所以只看到房屋在全體上漸次能得到數倍租金的現象。因爲我們所想所說的都是法律的，所以我們只把法律的標準即正義的標準適用於這個現象，因此發現了：租金是不正當的，不管它是怎樣的東西，總是不合「革命的法律觀念」，因而權原便是不法的了。再則，我們發現了：這情形也適用於生利息的資本以及租賃出去的農地。而且，我們得到藉口，把這些種類的所有權從其他種類中加以區別，加以例外地處理。它是由下列的要求所成立的：(1)奪取所有者的解約通告權，財產歸還請求權；(2)對於受有委任的租賃人、借貸人、佃戶，將不屬於他所有的物件的用益權無代價讓予之；(

3）以無息之長期分批歸還辦法償却所有者。以上就是我們這一方面所盡知的蒲魯東的「原理」。這就是蒲魯東的「社會的清算」。

順便附帶一說：這個全部改良計劃，幾乎全是以鞏固小資產階級及小農民的地位這樣的方法，來造成小資產階級及小農民的利益，非常明白。所以麥里堡所依據的「小資產階級蒲魯東的傳說的姿態」，在這兒，立卽成了很明瞭的歷史的存在。

麥里堡又進一步說：「我根據蒲魯東，說社會的經濟生活，必須由一種法的觀念所滲透，因此，我所敍述的並非一切的法的觀念，而是作爲缺乏革命的法的觀念之社會的現代社會。這個事實，就是恩格斯也要承認的」。遺憾得很，我不能尊奉麥里堡的意見。麥里堡所要求的是社會必須被一個法律觀念滲透，幷名這爲敍述。在法院派執行吏交付我還債命令的場合，若是遵照麥里堡，那法院不過把我當做沒有還債的人加以敍述一番。敍述和要求完全是兩回事。而且就在這裏，正存在着德國科學社會主義和蒲魯東的本質上的區別。誠然，一切事實上的敍述，不管麥里堡的主張存在與否，同時就是說明事物。我們敘述經濟關係，它是如何存在，以及它是如何發展的，而且嚴密地從經濟上證明：經濟關係的發展，同時就是社會革命要素的發展。就是說，一方面，有着他們的生活狀態使他們走向社會革命的無產階級的發展，另一方面，有着由資本家社會內所產生的必然要打破這個資本家的社會的殼子，而且爲了社會進步本身的利益，將階級區別永久地予以撤廢的生產力的發展。與此相反，蒲魯東要求改造現代社會，不依照它的特殊的經濟發展法則，而依照正義的命令（所謂法律的觀念，是麥里堡說的，不是蒲魯東）。在我們所證明的場合，蒲魯東說教而且嘆息。麥里堡正和蒲魯東無別。

至於所謂「革命的法的觀念」是什麼，我是絕對推測不出來。要之，蒲魯東從「那個革命」創作了一種又是他的「正義」的把持者又是他的「正義」的執行者的女神。這個場合，他才把一七八九年——一七九四年的資產階級革命和將來的無產階級革命混爲一談而陷入了奇妙的謬誤。幾乎在他的一切著述中，尤其是一八四八年以來的著作中，都是這樣做的。作爲實例，我祇要舉出一八六八年版的革命之一般的思想的第三九頁及四〇頁就足夠了。可是，因爲麥里堡迴避對於蒲魯東的所有責任，所以我從蒲魯東說明革命的法律觀念是犯禁的。我是祇好停止在像摩西從埃及帶來的那樣暗闇中了。

麥里堡還說：

「不過，不論蒲魯東和我，都不是爲了說明現存的不公正狀態，而來訴諸『永遠』的正義的。不，全然不像恩格斯關於此事責難我的那樣，依賴了訴諸正義，期待着把這種狀態予以改良的。」

麥里堡所依仗着的是所謂「蒲魯東在德國一般地完全不爲人所知」。在他的各種著作中，蒲魯東把一切社會的、法律的、政治的、宗教的命題，都用「正義的」標準來測量，依照它的與名之爲「正義」的東西是否相合或相悖，來加以非難或承認。在經濟的矛盾中，這種正義甚至被呼爲「永遠的正義」。到了後來，所謂永遠雖然消失了，但本質還存續着。例如在一八五八年版的關於在革命及教會中的正義一書中，在全三卷的說教文之中，有着下列的地方（第一卷四二頁）：

「使一切其他的原則都從屬於自己的時候，對於一切反逆的要求予以支配、保護、擊退、懲戒，必要時則予以鎮壓的原理，就是說，社會的有機的、規制的、主權的根本原理是什麼呢？……它是宗教、理想、利益嗎？……依我的管見，這個原理便是正義。正義是什麼呢？是人類自身的本質。世界創造以來人類所具有的本質是什麼呢？是無。人類的本質應該是什麼呢？是一切。」

作爲人類自身之本質的正義，在永久的正義以外的是什麼呢？這個正義即然是社會的有機的、規制的、主權的根本原理，雖然直到今日爲止，還是無，但是將來，必須是一切，它要不是衡量一切人類事物的標準，那麼是什麼呢？而在一切的衝突的場合，作爲決定的裁判官而被訴諸的，不是它是什麼呢？我除了曾經主張過蒲魯東是把一切經濟關係不依從經濟的法則，而是根據是否合乎他的觀念中的永久的正義來判斷，因而隱蔽他對經濟學的無智與無力外，又何曾主張過什麼呢？「在近代社會的生活中，……一切的變革都必須依從一種法律觀念來滲透，就是說，不論在任何場所，必須依從嚴格的正義的要求來實行」，麥里堡在這樣盼望的時候，憑什麼能把他自己和蒲魯東區別開呢？是我沒有讀到呢？還是麥里堡沒有寫出來呢？

麥里堡還說：

「人類社會中的本來的動因，是經濟的關係而非法律的關係這一議論，蒲魯東是和馬克思以至恩格斯一樣地明白的。而且，他還明白：一個民族的各時的法律觀念僅是經濟的關係，尤其是生產關係的表現、複製，產物。對於蒲魯東，法律，一言以蔽之，是歷史地發展來的經濟的產物。」

若是蒲魯東對這一情形（附帶地說，我姑且不問麥里堡的不明瞭的表現方法，就這樣善意地承認它），若是蒲魯東對這一切情形，真是「像馬克思以至恩格斯一樣地明白」，那麼我們還何必和他論爭呢？可是，這和蒲魯東的科學多少有點相左。一定社會之經濟的關係，首先是作爲利益來表現的。然而，在蒲魯東，在他的主要著作，就是前文所引用的地方，率直地依從了另外的東西，所謂「社會的規制的、有機的、主權的根本原理不是利益，而是正義」。而且他把這同樣的東西在他的著作的各種緊要處所反覆申說。這情形，並不妨害麥里堡的如下的行進：

「由蒲魯東在其最爲深湛的戰爭與和平中所發展了的經濟權利的觀念，和拉薩爾已然在旣得權的體系的序文中所說的根本思想完全一致。」

戰爭與和平恐怕是蒲魯東四種幼稚的著作中最爲幼稚的一種。不過，爲了將一切歷史的結果和觀念，一切的政治、哲學、宗教，從旣定的歷史時代之物質的、經濟的生活關係出發加以說明，用以表示德國的唯物史觀的理解，我乃舉出這本書以爲證明手段，原非我所預料的。這本著作，因爲太不是唯物的東西，所以像下文所列舉的那樣，要是不借助於創造主他簡直無從說明戰爭的構成。它說：「但是，爲選擇這種生活方法的創造主有着它自己的目的」（第二卷，百頁，一八六九年版）。它是以怎樣的歷史知識作爲基礎呢，這由它信仰黃金時代的歷史的存在，可以明白。「在地球上，在人類還很稀少的初期，自然是毫無勞苦，便能滿足人類的需要。這是黃金時代，也是餘剩與和平的時代」（同書一〇二頁）。他的經濟的觀點，是最粗雜的馬爾薩斯主義。「生產倍加，則人口亦隨之同樣倍加」（一〇五頁）。這樣說來，這本著作中哪裏存在着唯物論呢？那就是這一點：戰爭的原因不論過去不管未來都是「窮乏」（例如：一四三頁）。當佩里琪叔叔在一八四八年的演說中發表偉大言論「大的貧困就是大的窮乏」時，他也算是同樣漂亮的唯物論者的。

拉薩爾的既得權的體系，不僅因禁於法律家的整個幻想中，而且是因禁於舊黑格爾主義者的幻想中。拉薩爾在第七頁上，明白地說明了：即使是在經濟事物上面既得權的概念是較諸一切爲要的發展的源泉。他想把法律作爲一種理性的，自我的

（即不是從經濟的前提來的）「發展的有機體」，這麼予以證明（第九頁）。即是：對於他，法律並非由經濟的關係而來的，從意志概念自身誘導而出的才是問題的所在。而，意志概念的發展及敍述，就是法律哲學（第一〇頁）。如此說來，這種敍述到底有着什麼意義呢？只有這一點：蒲魯東和拉薩爾的差異，在於拉薩爾是實際的法律家和黑格爾主義者，而蒲魯東在法律學及哲學上，正和在其他一切方面一樣，是純粹的誇誇其談者。

時常明顯地自相矛盾的蒲魯東，有時在某些地方，他也有這樣表現：在外表上看來，似乎他是從事實來說明觀念的，這情形是我所深知的。但是，這種表現，對於一個人的一貫的思想傾向，並不是重要的。而且，就是這種表現，也是可怕的混亂和不澈底的東西。

在社會的、一定的很原始的發展階段，產生了這種必要：把每日每日反覆不已的生產物的生產分配交換行爲，包括在共通的規定之下，注意使個人適應生產及交換的一般的條件。這種規定最初是風習，不久便成爲法律。和法律相共的，必然地成立了委託維持法律的機關，即公的權力、國家。隨着社會的更向前發展，法律也發展了，它形成了或多或少的廣泛的立法。這種立法愈是複雜，法律的表現方法就和社會之普通的經濟條件所表現的方法愈加脫離。法典，照我們看來，好像不是從經濟關係而來的，而是從它自身的內的根據而來的，即從「意志的概念」中得到它的存在的理由及發展的根據，作爲獨立的要素而出現的。人像是忘記了他們起源是於動物界一樣，也忘記了法律是從經濟生活的條件中所產生的。隨着法典之向複雜和廣泛的整體的發展，必然地發生了一種新的社會的分業。即：隨着職業的法學者的身份的被形成，同時成立了法律學。法律學者在他們進一步的發展中，便把諸民族及諸時代的法律制度，不當做當時的經濟關係的複雜製圖，而當作在它自己本身中所有的體系的根據而加以比較。在比較上是把共通的大的東西的存在作爲前提的。這種共通的東西是由於法律家把一切法律體系中的多少是共通的東西作爲自然法加以總括而發現的。但是，測定何者是自然法何者不是自然法的標準，正是法律那個東西的最爲抽象之表現的正義。因之，對於今後的法律家和信仰他的說話的人，法律的進化，不過是在法律的最大的表現上，將人類的狀態，在正義上，即是在永遠的正義的理想上，愈趨接近的努力而已。而這種正義，不論是從它的保守的方面來看，或從它的革命的方面來看，都不過是使現存經濟關係的觀念予以觀念化神聖化的表現。希臘人及羅馬人的正義，是把奴隸當作正當的。一七八九年的資產階級的正義，是以封建制度爲不正當，因而要求將它廢止的。對於普魯士的容克族，甚至腐敗的郡令也是破壞永遠的正義的東西。所以，對於永遠的正義的觀念，不僅因地因時而異，而且因人而異。而且，像麥里堡所認爲正確的那樣，永遠的正義，是屬於所謂「各人理解都多少不同」那些種類的事實。在普通生活中，因爲關係簡單容易判斷，所以像正確、不正確、正義感這等等的表現，即或用在有關社會事物的場合，也不致有誤解地接受；但這種表現，正像我們所知道的那樣，在經濟關係之科學的研究中，則就要惹起混亂，像在近代化學中將燃素學說的表現方法仍然繼續奉行的時候所引起的難以救治的混亂那樣。人要像蒲魯東那樣，相信這個社會的燃素「正義」，或像麥里堡那樣，斷言不論燃素和酸素都同樣完全正確，那麽這種混亂還要更深刻。（註）

三

所謂「在大都市中，人口的九成及九成以上，都沒有可以稱為自己的地方這一

（註）在酸素發現以前，化學者把在大氣中燃燒的物體，在燃燒之際所消失的燃素，即依照假定其爲燃素（Phlogiston）加以說明。燃燒了的單純物在燃燒以後，因爲他們發現了它較之燃燒以前重量還增加了，因爲燃素是負數重量，所以，他們說：沒有燃素的物體較之有燃素的物體還重。像這樣，漸次臆測到以爲酸素的主要特性是存在於燃素中的東西。可是，一切與這是反對的。在燃燒中可燃的物體與其他的則酸素的結合之發現和這種酸素的製出，是在舊的化學者長久地反抗以後這種假定才半途而止的。——恩氏原註。

事實，對於我們這個被稱贊的世紀的整個文化，沒有比這更可怕的侮蔑了。」麥里堡這個「唱高調」的見解，我名之為反動的悲歌，他還不服氣。不消說，正是這樣。若是像麥里堡所自稱的，他僅限於敍述「現代的慘事」，那麼，對於「他及他的謙讓的文章」，我就決不會惡口相對了。可是，他所作的完全是另一回事。他是把勞動者「沒有可以稱為自己的地方」作為結果而描寫這個「慘事」的。人嘆息「現代的慘事」，不論是由於廢止了勞動者的住宅所有權而引起的，或像容克族那樣，是由於封建制度和組合的被廢止而引起的，在這兩個場合，除過說它是反動的悲歌，就是說，對於不可避免的事物、歷史的必然所產生的事物的悲嘆之歌外，再無詞可置。麥里堡想製造早被歷史清算了的勞動者的住屋所有權這一點上，正是他的反動所在。而他的除過再度使每個勞動者成為住屋所有者，便無從設想勞動者的解放這一點，又正是反動的所在。

還說：

「我最爲明白地說：本來的鬥爭，是對資本主義生產方法的鬥爭。而且，只有從住宅的變革中，才能得到改善住宅狀態的希望。恩格斯在這些問題上却一無所見，……我是爲了能夠達到解決租賃住宅，而以全部解決社會問題爲前提的。」

我所遺憾的是，直到今日爲止，對於這一切尙一無所知。當然，連他的名字我還不知道的那種人，知道在他的冷靜的頭腦的小室內有什麼前提，這是全然不可能的。我所能知道的僅是麥里堡所印刷的論文。而在這個論文中，直到今日，我所發現的還是麥里堡（單行本一五及一六頁）爲了解決租賃住宅以租賃住宅爲前提的情形。到一七頁上他才說到「制御資本的生產力」。這個問題以後再返回來說。而且，在他自己的回答中，也表示了這種情形。即所說的：「不如索性表明如何從現存的諸狀態可以帶來住宅問題的完全的變革。」而所謂從現存的諸狀態是和所謂從資本主義的生產方法的變化（應該說是廢止），全然是對立的事情。

在多爾扶斯先生及其他的製造業者拿自己的房屋來援助勞動者的博愛的努力之

中，我發現了這才是他的蒲魯東的計劃之惟一的可能的實際地實現之時，麥里堡之表示不平，是沒有什麼稀奇的。如果他明白了蒲魯東的社會救濟計劃全然是在資產階級社會的基礎上活動的幻想，不用問，他就不會相信它了。我對於他的善意是在任何地方都不會疑惑的。不過，在禮夏窪博士模倣多爾扶斯的計劃在維也納市會提案的時候，麥里堡爲什麼要稱贊他呢？

麥里堡還有所說明：「尤其關於都市和農村的對立，要廢止這種對立，是屬於空想的。這種對立，是一種自然的，正確地說，是起於一種歷史的東西。……在這裏，關係所在，並不是廢止這種對立，而是發現這種對立帶來的無害而有益的政治的以及社會的形態。這麼來做，便可以期待出平和的均衡，諸利益的漸次的平均。」

因此，廢止都市和農村的對立，是一種空想。爲什麼呢，因爲這種對立是一種自然的，更正確地說，是起於一種歷史的東西。我們現在就把這種理論應用在近代社會的其他的對立上罷，看看能達到怎樣的一點。舉例說：「關於資本家和勞動者之間的對立，要廢止這種對立，是關於空想的。這種對立，是一種自然的，更正確地說，是起於歷史的東西。在這裏，關係所在，並不是廢止這種對立，而是發現這種對立帶來的無害而有益的政治的以及社會的形態。這麼來做，就可以期待出平和的均衡、諸利益的漸次的平均。」我們在這裏，又到了梭爾才＝迪列慈那裏了。

都市和鄉村對立的廢止，和資本家與勞動者對立的廢止一樣，並不是空想。這種對立的廢止，越來越成了工業的以及農業的生產的實際的要求。像李比格在他的關於農業化學的著述中所提出的明確的要求，還沒有人提出。所謂人類應該把從土地所得的東西歸還給土地，這常是他的著述中的第一要求，祇因有都市，尤其有大都市的存在，證明了它是妨礙這種要求的。這裏，要是看看如何僅是倫敦一處它所排泄的糞尿較之全撒克遜王國還要多，如何每日要耗費巨量的費用，才能使其流入海中，以及為了防止這些糞尿汚穢了倫敦，須要有如何必要的巨大的設施，那麼，都市與農村對立的廢止的空想在這裏就得到了一種特異的實際的基礎。而且，甚至比較不重要的柏林，早在三十年以來，其糞尿所發的惡臭已然不堪。另一方面，像蒲魯東這種人，一面要把現在的資產階級社會予以變革，一面卻把農民照老樣子來安排，像這樣的說法，才是一種純粹的空想。使全國的人口盡可能地平均分配於各地，使工業的生產與農業的生產密切結合，與此相應的，再擴張必要的交通機關，僅只這些——這種場合是以廢止資本主義的生產方法爲前提——就可以把農村人口從他們數十年來幾乎毫無變化地在其中醉生夢死的孤獨和朦昧中解放出來。都市和農村的對立被廢止了的時候，才可以開始完成使人類從他的歷史的過去所鑄造的鐵鎖得到解放，這種主張，並不是空想。只有在人預定了必須「從現存的諸狀態」來解決現有社會的這種或那種對立的形式的時候，從這個時候開始，空想才發生了。麥里堡對於住宅問題的解決，由於他自己所用的是蒲魯東的方式，就成了這樣的了。

我以爲麥里歷在某種程度上，對於「對於資本及利息的蒲魯東的見解」，應該分負共同的責任。他是不平的，而說道：「我把生產關係的變革作爲早已既定了的東西而假定了。而且，規定利息比率的過渡法律，它的對象，並不是生產關係，而是社會的交換、流通關係。……生產關係的變革，或者照德國學派的更嚴密的說法，資本主義生產方法的廢止，如恩格斯所說是我所捏造的那樣，當然不是從廢止利息的過渡法律所惹起的，而是由於勞動人民方面，在事實上獲得全部勞動工具，卽佔有全部工業而發生的。在這種場合，勞動人民傾向補償或立卽沒收的那一種較多呢？這是恩格斯或我都不能決定之點。」

我喫驚得睜圓了眼睛。我把麥里歷的論文又從頭到尾讀了一遍，打算去發現他的租賃住宅的償却，是把「由於勞動人民方面，在事實上獲得全部勞動工具，佔有全部工業」作爲已被完成的東西而預定了的、他所說明的所在。我却沒有發現這樣的所在。這個所在並不存在。關於「事實上的所有」云云什麽地方也沒有談到，僅在第一七頁上這麽說：

「如同遲早必然要發生的，資本的生産力，比如說，由於一種過渡的法律，假定這就是在事實上能制御它的東西，這種過渡的法律，公認爲是有着使利率益漸趨向零的傾向，而且把一切資本的利息定爲一分。……房屋以及住宅，當然要像一切生產物那樣，安置在這種法律的範圍以內……因此，我們從這一方面可以知道，租賃住宅償却是資本一般的生產力之廢止的一個必然產生的結果。」

因此，這兒和麥里堡最近的結論正相反對，他率直地說：資本的生產力——他的這種混亂的用語，明明是把它作爲資本主義的生產方法來理解的——由於利息的廢止法，確然是「能制御」的；並且，這種法律的結果——租賃住宅的償却，就產生了廢止資本一般的生產力的必然結果。然而麥里堡現今卻不是這樣。這種過渡期的法律，「它的對象，并不是生產關係，是流通關係。」哥德說：「無論賢者和愚者，都是同樣的充滿了祕密的。」在這種完全的矛盾中，我除了援用下面的假定以外，簡直無法可想。即：我和兩個完全不一樣的麥里堡打交道，其中一個麥里堡正經地訴苦，說我說另一個麥里堡所印出來的東西是他「揑造的」。

勞動人民，在事實上佔有的時候，對補償或立即沒收那一種會更多考慮呢？對此，不論是我或者麥里堡許不至於受到他們的質問，這倒是正確的。最爲確切的情形大概是：一般說來，是不會有「考慮」的。不過，問題不在於由勞動人民將整個的勞動用具作事實上的佔有，僅在於麥里堡這樣地主張：「住宅問題解決的全部內容包括在償却這一句話中」（一七頁）。而且，現在他把這種償却作爲最有疑問的東西說明了。那麼，我們兩個人以及讀者，倒底白忙了一大陣所爲何事呢？

所謂勞動人民方面的全部勞動用具的「事實上的佔有」，和全部工業的領有，是和蒲魯東主義者的「償却」正是相反對的東西，這是必須順便在此斷然聲明的。在蒲魯東主義說來，是使每個勞動者都成了住宅、農園、勞動用具的所有者；在前者說來，勞動人民只限於作爲房屋、工場、勞動用具的共同所有者，而它的用益

• 137 •

權，至少在過渡期間，若不用賠償費用的辦法，大概不會讓渡給個人或私人團體的。這正和土地私有的廢止幷非是廢止地租，而是以修正了的方法，把地租讓渡給社會一樣。因之，全部勞動用具由勞動人民作事實上的佔有，決不是把租賃關係排除的。

一般說來，在無產階級掌握了權力的時候，對於生產用具，原料以及生活資料，是簡單的暴力的佔有呢，或者對它是要支付卽時賠償呢，或者是對於這些物事，用對於財產權長期付款的辦法，予以償却呢？這些問題並不成問題，而且把像這樣的問題，預先地，並且是對於一切場合地予以答覆，是會造成空想的。因之，我把它委託了別人。

四

麥里堡逃避的道路是和羊腸小道相通的，他在回答中，用心甚深地避開碰到的問題，因此，爲了達到問題所在，我寫的文章也就必須要過份地長了。

麥里堡在他的論文中，說了什麽積極的事情呢？

第一，「房屋、建築用地的本來的費用價格和現在的價値之間的差額」，依照法律，屬於社會。這種差額用經濟學的用語來說，就是所謂地租。蒲魯東把這種差額，或者像我們讀革命的一般的思想一八六八年版二一九頁所理解的那様，是使之屬於社會的。

第二，住宅問題的解決，是一切的人代替了租賃人而變成他的住宅的所有人這一點。

第三，這種解決的辦法，是將租金的支付，依照法律，化爲對住宅的購買價格的分期支付來實施。——所有二、三兩點，像一切人在革命的一般的思想一一九頁以及以下諸頁所看到的那様，是從蒲魯東借來的東西。而且，在那裏，甚至連有關問題的法律草案，也在該書二〇三頁上編纂好了。

第四，資本的生產力，依照先將利息比率抑低爲一分——保留以後更往下抑低——的過渡的法律而被制御了。這還是一樣，若是詳讀革命的一般的思想的一八二——一八六頁，就可以知道是從蒲魯東借來的東西。

麥里堡所摹寫的蒲魯東的原本，關於這一切所有的要點，我都把它的出處加以引證了。那麼，我要問了：我把全然是蒲魯東的而且除過蒲魯東以外便毫無所有的論文的筆者呼之爲蒲魯東主義者，正當呢，是不正當呢？然而，麥里堡最不滿意我的是，因爲我「碰上了本來是蒲魯東的二三種論法」，便稱他爲蒲魯東主義者。這完全是相反的。「論法」全屬於麥里堡，而內容則屬於蒲魯東的。而當我把蒲魯東式的論文照蒲魯東加以補遺的時候，麥里堡却說我把蒲魯東的「奇怪的見解」轉嫁於他了，吆喝不平了。

那麼，我對於這個蒲魯東的計劃答覆過什麼呢？

第一，地租的讓渡與國家，和工業的土地所有權的廢止，是同義的。

第二，租賃住宅的償却以及住宅所有權之讓渡給原來的租借人，絲毫沒有碰着資本主義的生產方法的。

第三，在大工業以及都市的現在的發展下，這種提案不僅是愚劣的而且是反動的。並且，對一切的人將其私宅的個人所有權予以再設定，是一種退步。

第四，資本利息的強制地降低，不僅對資本主義的生產方法毫無損傷，反之，却像早先的高利法所表示的那樣，是舊的東西，是不可能的。

第五，廢止資本利息，是決不能將房屋的租金也廢止的。

第二及第四兩點麥里堡現在業已承認了。關於其他各點，麥里堡却毫無表示。然而正是這些，才是在論爭中有關係的所在。但是，麥里堡的回答却未有任何反駁。他的回答，把眞是有着決定意義的經濟上的問題都細心避開了。所以，它除過是他的申冤書以外，毫無別的意義。而且，我對於其他的問題，例如：國債、私債、信用的問題，將他預告了的解決辦法先行說出的時候，——這種解決法是：在各種場合，正和在住宅問題上所作的一樣，把利息廢止，把利息支付變爲對於資本額的分期支付，把信用免費，——他甚爲不平。這且勿論，若是麥里堡關於這些問題的論文出現了的時候，它的本質的內容，和蒲魯東的一般的思想——關於信用，是一八二頁；關於國債，是一八六頁；關於私債，是一九六頁——必然是一致的，恰如關於住宅問題的本質的內容和我所引用的該書的處所的一致一樣一樣。關於這事，我敢打賭。

在這個機會裏，麥里堡教訓我說：租稅、國債、私債、信用的問題——現在還有地方團體的自治——對農民或對地方宣傳都是最重要性的。大部份我是同意的。不過，（一）關於農民，向來沒有讀到；（二）所有這一切問題的蒲魯東的「解決」，和住宅問題的解決相同：在經濟上，是矛盾的；在本質上，是資產階級的。而且，對於麥里堡的這種暗示：說我不承認有把農民引入運動中的必要，我感到沒有加以辯護的必要。可是，爲了這個目的，勸誘農民使用蒲魯東的庸醫療法，我以爲簡直是愚蠢。在德國還存在着非常多的大土地所有，若依照蒲魯東的學說，這一些大土地必須細分成小農園。然而，這在今日農業科學的狀態下，並依照法國及西部德國所造成的零細土地所有的經驗，則完全是反動的。今日還存在的大土地所有，對於我們，毋寧是提供了一種好的機緣：在這種可以應用近代的補助用具、機械等的理想的大農業中，使已經結合了的勞動者來經營農業，進而使小農民看到由組合的大規模的經營的有利。在這一點上，較其他一切社會主義者都前進的丹麥的社會主義者，從老早就明白了。

說我把勞動者現今那樣悲慘的住宅狀態看做「細微小事」，對此我同樣感到沒有必須爲它辯護的必要。以我所知道的而論，這種像英國所存在的古典的發達了的形態，用德國文字敍述它的我還是第一個人。我敍述這種狀態，並不是像麥里堡所說的那樣，由於「我的正義感受到傷害」，——把他的「正義感受到傷害」的一切事實都寫在書中的人，他的工作那就太多了。——而是像凡讀我的著作的序文就明白的那樣，是對於當時所成立的以空談爲事的德國社會主義者，由於將近代大工業所產生的社會狀態加以敍述，而給宅以事實上的基礎。但是，打算解決所謂住宅問題等等，卻是我毫未想到的地方，這和沒有想到要解決更爲重大的生活問題的細節是一樣的。我要是能夠證明：現代社會的生產足夠給與所有的社會成員以充分的食物，幷且現存的房屋目下足以供給勞動大衆以寬大合乎健康的宿舍，那我就滿足了。老是思索在將來的社會上如何規定食料與分配住宅，是會直接導入空想的。我們至多只能從對於從來的全部生產方法的根本條件的洞察中來確定：隨着資本主義生產方法的沒落，從來的社會的一定的所有形態將成爲不可能。就是過渡方策，在任何地方，也必須要依照當時所存在的諸情形來建立的。舉例說，它們在小土地所有的諸國，和大土地所有的諸國，根本就不同，諸如此類。而且，若是像住宅問題那樣，對於所謂實際問題，想求其個別的解決，關於這種人會得到怎樣的歸結，沒有人比麥里堡自己所表現給我們的還要明白的。卽：他在二十八頁上首先敍述的

「住宅問題的全部的解决，給予一個字：償却。」。然而後人是否會攻擊他呢，在房屋的事實上的佔有之際，勞動人民是對於償却有較多的考慮呢，還是對於其他的收奪的形態比較有更多考慮他呢？一面心裏迷惑着：事實倒確還是一個疑問等等，一面嘴巴却閉着。

麥里堡要求我們應該實際些；要求我們不應當「對於事實上的諸狀態」，「只用死的抽象的形式」；要求我們「應當從抽象的社會主義脫開靠近社會的特定之具體的狀態」。要是麥里堡這樣做了，那麼，他對社會運動恐怕一定有了重大的貢獻了。靠近社會的特定之具體的狀態的第一步，是人依照其現存的經濟關係，學習研究這一點。而我們在麥里堡身上發現了什麼呢？有兩個命題。即：

（一）「工資勞動者對資本家的關係，正如租賃人對房主的關係」。我在單行本第六三頁上，已然論證了這全是謬誤。而麥里堡對此則毫無反駁之辭。

（二）「可是（在社會改良之際），必須握住角來制御的牡牛，就是資本的生產力。然而所謂資本的生產力是自由學派的經濟學名詞，事實上並不存在。可是，存在外觀上的存在上，它作了壓迫現代社會的一切不平等的口實」。就是說，必須抓着它的角才能制御的牡牛，「事實上並不存在」。就是說，它沒有角，作害惡的並非是牡牛，是它的外觀上的存在。雖則如此，所謂（資本）的生產力，卻能用魔法從地下造出都市及房屋。而這一切東西的存在，並非單只是「外觀」的東西（一二頁）。然而，「精通」馬克思的資本論的人，竟用這樣無可救藥的混亂方法，胡扯關於資本與勞動的關係，一方面卻企圖對德國勞動者指示出一種比較新而優良的方法，而且竟又自稱是「關於將來社會的建築構造至少大體明瞭」的「建築師」！

像馬克思在資本論中那樣程度地「靠近社會的特定之具體的狀態」的人，是沒有的。他把這個問題費了二十五年之久，從各方面來加以研究。而且若依據他的批判的結果，所謂解決的萌芽，在今日一般地都有可能，幾乎在所有的地方都存在着。但是，這還不能使麥里僂滿足。那全是抽象的社會主義，是死的抽象的公式。

代替了研究這個社會的一定的具體的諸狀態，我的朋友麥里堡由於讀了幾卷蒲魯東而滿足了。這數卷蒲魯東，實際上對於他，不僅關於社會的特定的具體的關係沒有提供什麽，反而提供了對於一切社會的害惡甚爲特定的具體的奇蹟療法。而他就把這個現成的社會救濟計劃，卽蒲魯東的體系，在所謂欲「和體系告別了」的口實下，拿到德國勞動者面前來。然而我「選擇了反對的道路」。要理解這情形，必須這麽假定：因爲我是盲者，麥里堡是聾者，因之，在我們之間的一切的理解完全是不可能的。

這就滿充分了。這個論爭雖然沒有什麽大用處，但是無論如何，却將自稱爲「實際的」社會主義者的實踐，到底有什麽價值這事，提供了有益處的證明。這些要除去一切社會惡害的實際的提案，社會的全世界救濟法，是常常不論在什麽地方都在無產階級運動或它的少年狀態時代出現的宗派設立者的製造品。蒲魯東也是屬於這類的一個人。勞動階級的發展，立卽把這個襁褓投棄在勞動階級自身內發生了這種認識：再沒有比這種預先就設計好的，在任何場合都能適用的「實際的解決」更不實際的東西；而且，實際的社會主義倒是在於從各種各樣方面來正確認識資本主義的生產方法。通曉了這個的勞動階級，在一定的場合上，對於什麼樣的制度，而且用什麼樣的方法，來面向他們的主要攻擊，是決不會困惑的。

出版者言

本書排版將竣時，見人民出版社出版曹葆華、關其侗的同書譯本，本不擬重複出版；嗣經仔細對照，發現兩種譯本頗有出入之處，故仍印行，藉供讀者與關切革命導師經典著作之翻譯問題者之參考。在出版前，經再由譯者逐字逐句慎重校改一次，惟缺點恐尚難免，謹希讀者與專家們糾正和批評。

泥土社編輯部

一九五一年十月三十日